大川小児童

完成直後の大川小＝1985 年 3 月（北沢建築設計事務所提供）

※便宜上，北側が下になるように作成しています

大川小児童らの足取り

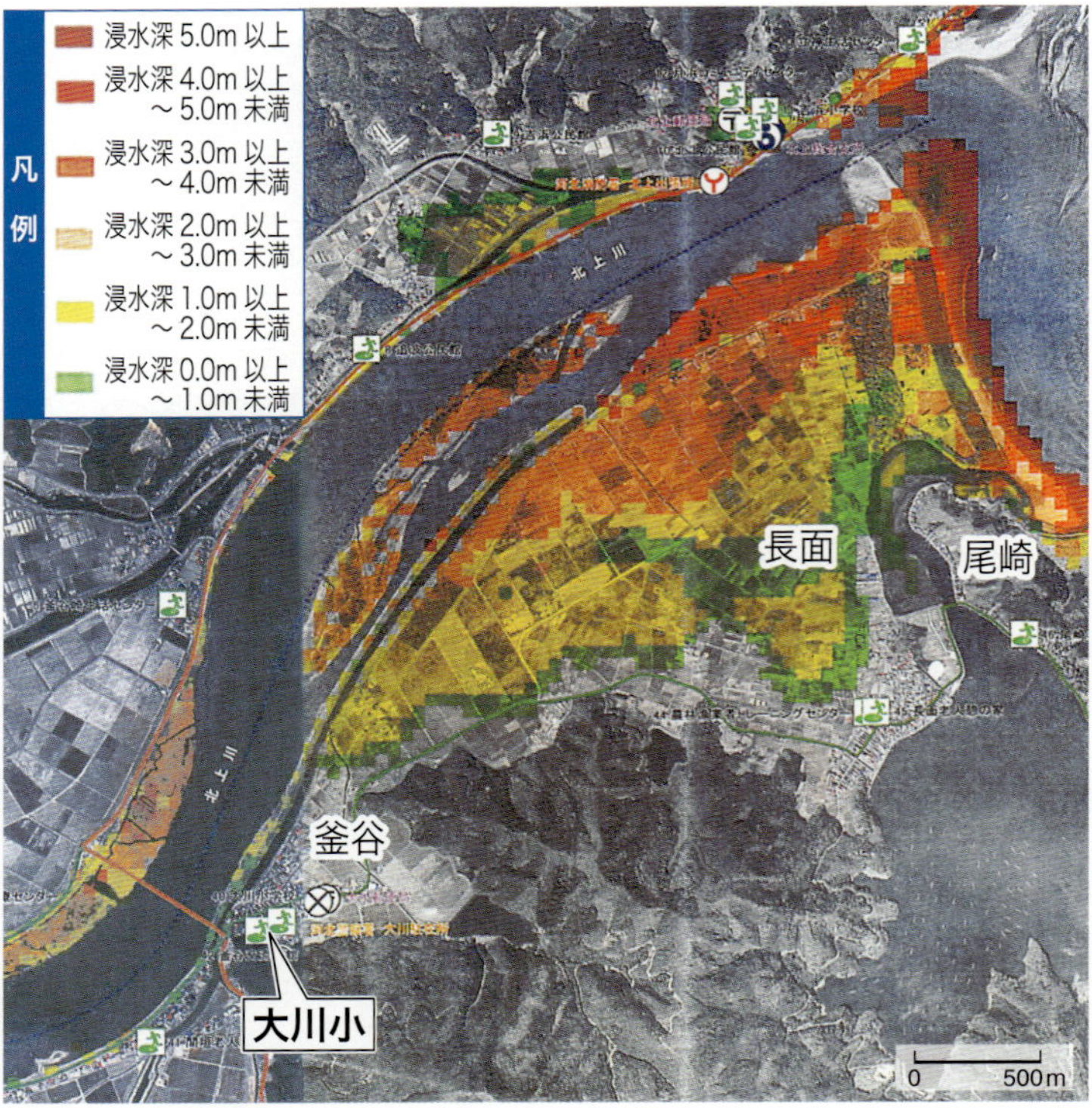

石巻市が 2009 年 3 月に公表した津波ハザードマップ．大川小周辺は予想浸水域を外れていた

止まった刻《とき》　検証・大川小事故

止まった刻《とき》

検証・大川小事故

河北新報社報道部

岩波書店

プロローグ
葛　藤——生存教諭の3・11

食い違う証言

2011年3月11日午後2時46分、宮城県沖で起きたマグニチュード(M)9・0の東北地方太平洋沖地震による津波で、石巻《いしのまき》市立大川小学校(児童108人)の児童70人が死亡し、4人が今も行方不明になっている。学校にいた教職員11人のうち、男性教務主任(56)を除く10人も犠牲となった。当時校長は休暇で不在。学校は北上川《きたかみがわ》河口から約3・7キロ離れ、市の津波ハザードマップで浸水予想区域外だった。地震発生から約50分後に第1波が到達し、最高水位は高さ約8・7メートルに達した。自宅で被災した1人を除き、学校管理下の犠牲73人は戦後最悪の事故とされる。

あの時、大川小で何があったのか——。当時の子どもたちや関係者が重い口を開き始めた。プロローグでは、当事者の証言などから、学校にいた教職員11人中、唯一助かった当時教務主任の男性教諭の「3・11」を追う。

17年12月下旬、取材班は学校の南側にあるダルマツ山、通称・裏山に登った。教務主任が津波にのまれ、駆け上がったという斜面に取り付く。

奇跡的に生き残った児童4人の1人、当時5年の只野哲也さん(18、高校3年)が津波にのまれ、打ち上げられた場所に近い。犠牲になった児童74人のうち34人の遺体がこの周辺で見つかった。何度か足を滑らせ、とげのある枝を避けつつ両手を使い急斜面を登る。1分ほどで高さ約10メートル、大川小の津波到達地点約8・7メートルを上回る場所に着いた。

震災約1カ月後の11年4月9日、初めて遺族説明会が開かれた。教務主任は「山の方で木が倒れ…」と述べ、1~2分で行ける裏山に逃げなかった理由に倒木を挙げ、こう続けた。

「山の斜面に着いたときに杉の木が2本倒れてきて、右腕と左の肩を挟まれ、その瞬間、波をかぶった」

現在、裏山には杉の倒木が至る所にある。ほとんど津波や震災後の強風などで倒れたことが、石巻市教育委員会や第三者の事故検証委員会の調査で分かっている。地震の揺れによる倒木は1本もない。説明会の2カ月後、教務主任は校長に宛てたファクスで「錯覚だったかもしれない」と倒木発言を撤回した。

「斜面の上で3年生の男の子が『助けて』と叫んでいた。『死んだ気で上に行け』と叫びながら、絶対、この子を助けなきゃと思って押し上げた。その子も水を飲んで全身ずぶぬれになった」(教務主任)

津波にのまれ、眼鏡も靴もなくしたという教務主任は、児童を「目の代わり」にして山を登り、松の木を覆うビニールで暖を取っているうちに児童は寝てしまったと説明。その後、釜谷《かまや》峠に通じ

津波で壊れた大川小の掛け時計．午後３時37分で止まっている＝2011年３月29日

る道で会った住民に助けを求めたという。

斜面を登り始めて約15分、取材班は尾根に着いた。杉林を抜けた先の林道沿いに、透明なビニールで覆われた伐採木が30カ所近くある。ビニールをはがして体に巻けば風よけになりそうだ。林道を約15分下ると、釜谷峠に通じる国道398号に出る。林道の出入り口にある千葉自動車整備工場の千葉正彦社長(63)は「先生と児童はぬれていなかった。ぬれていたら自宅には泊めていない」と話す。ぬれた人は事務所に案内し、着替えさせた上で夜通しストーブをたいて介抱したという。

事務所前にいた教務主任と児童に気付き、いったん事務所に案内したのが、近所の三浦美春さん(36)＝ミウラ自動車整備工場長＝だ。三浦さんは「児童の靴はどろどろだった。先生は靴とスーツの裾が汚れていたが、服装や髪形は乱れていなかった。寒そうにもしていなかった」

と話す。

震災後、心的外傷後ストレス障害(PTSD)を発症し、病気休職中の教務主任。遺族の前に自ら姿を現したのは、第1回遺族説明会が最初で最後となった。

「山さ行け」

教務主任は出張を控え、1階更衣室で着替えをしていた。3月11日の最高気温は5・9度。2日前に降った雪はほぼ消えていた。午後2時46分、突然の横揺れが襲う。同市北上町の震度は6弱。長く巨大な揺れは約3分20秒間続いた。教務主任は職員室に急ぎ、ジャケットを羽織り、内ポケットに私物の携帯電話を入れた。

「机の下にもぐれ。ずっと机を押さえていろ」。校内放送は停電で使えず、1階の1、2年教室に声を掛けた。3年以上のクラスがある2階へ急ぐ。大川小は全校児童108人。1学年1クラスの小規模校だ。児童を校庭に避難させた後、校舎やトイレを見回り、2階通路を渡って体育館に向かった。鉄の扉が開かず、体当たりした。

校舎内の確認を終え、校庭に出た。午後3時ごろ、教務主任は「どうしますか。山へ逃げますか」と男性教頭(当時52)らに尋ねた。「この揺れの中では駄目だ」。こんな趣旨の答えが返ってきたという。

「どこに逃げるか?」「山の方に逃げた方がいいのか?」。当時4年の女性(16、高校2年)は同時刻、教務主任と教頭が校庭で真剣な表情で話し合う様子を見て「ただ事じゃない」と思った。

6年の女子児童は震災直後の取材に「(教務主任の)先生が『山さ行け。山さ行け』と叫んでいた」と証言。「他の先生は『いったん落ち着いて』といった感じだった」と答えている。

当時の校長柏葉照幸氏は娘の卒業式のため、午後から不在だった。校長に代わり教頭がリーダー、ナンバー2が教務主任だった。校庭からの避難に備え、教務主任は、はだしで逃げてきた子や薄着のままの子のために校舎と校庭を何度か行き来した。

午後3時15〜20分ごろ、消防の広報車がサイレンを鳴らし、学校前を通過。「津波が来る」と聞こえた。

午後3時25〜30分ごろには、石巻市河北総合支所の広報車が「松林を津波が抜けてきたので避難してください」と拡声器で呼び掛けながら大川小前の県道を通過した。教務主任は「津波が来ますよ。危なくても山へ逃げますか」と再び教頭に尋ねたが、返事はなかったという。

大川小は河口から約3・7キロ離れている。立地する釜谷地区に過去、津波が襲来した記録はない。学校は当時、30年以内の発生確率99%とされた宮城県沖地震の津波避難場所に指定されていた。

地元住民の多くは「釜谷に津波は来ない」と信じ込んでいた。津波を目撃して逃げた釜谷の元住民は「仙台であれば国分《こくぶん》町に津波が来たようなもの」と話す。

石巻市の資料によると、釜谷地区の住民496人中、193人が死亡・行方不明となった。犠牲者の割合は38・9%で、大川地区全体(16・8%)の倍以上となっている。

「山に上がらせてくれ」「ここまで来るはずないから三角地帯(北上川の堤防道路、標高6〜7メートル)に行こう」。教頭と男性行政区長が校庭で言い争う様子を児童が目撃している。津波の襲来を誰

東日本大震災の津波浸水域

よりも早く予見していた教務主任の「山へ逃げよう」という提案は聞き入れられず、先生と子どもたちは川岸に向かって歩き始めることになる。

波頭を目撃

教務主任は「せめて一番高い校舎2階に避難場所を探す」として、校舎内に入った。

1985年3月に完成した大川小の校舎は、屋上がないモダンなデザインが評判だった。実は2階の配膳室にあるメンテナンス用のはしごを使えば屋根に上がれる。天井の扉は閉まっており、鍵は1階の職員室に散乱していた。教務主任は屋根への避難を諦めた。

教務主任が校舎内にいるとき、児童らの命運を左右する重大な決断が下される。北上川右岸の堤防道路(三角地帯)への移動だ。三角地帯は学校より5~6メートル高いが、防災行政無線が「絶対近づかないで」と繰り返していた堤防だ。

午後3時30~35分ごろ、教頭らが「三角地帯へ逃げるから、走らず列を作って行きましょう」と呼び掛けた。区長は「三角地帯に行こう」と主張しており、相談して決めたとみられる。当時、校長は不在。教頭に次ぐ立場だった教務主任は重大な決定に関わっていなかったことになる。2016年10月の仙台地裁判決は、1~2分で行ける裏山に避難させなかったとして、教職員の過失を認める一方、「校舎の見回り」を理由に教務主任だけ免責した。

校庭に戻ると、児童の列は三角地帯に向け、出発していた。「(上流の)間垣の堤防の一番高い所(三角地帯)に避難する」と住民に教えられ、教務主任は児童の列の最後尾に付いた。釜谷交流会館の駐車場を通過する児童の列を目撃した永沼輝昭さん(77)は「子どもたちは急ぐでもなく歩いて行った。4～5メートル後を釜谷の女性が子どもたちに声を掛けながら付いていった」と話す。

教務主任は事故検証委員会に津波襲来時の様子をこう語っている。

「交流会館を過ぎた辺りで、校庭側から強い風が吹き、離陸する飛行機のエンジン音のようなゴーという音が聞こえた。家屋の高さくらいで長面《ながつら》方向から迫る津波が見えた。少し前まで走り、児童らに大声で『こっちだ！ こっちだ！』『山だ！ 山だ！』と声を掛け、自らも山へ駆け上がった」

一方、「最後尾は女性」という永沼さんの証言を基に、児童遺族の間には「教務主任は校舎見回り中に津波を目撃し、1人で裏山に逃げた」と、Aルート(次ページの図)から登ったという説が今も根強い。Aルートは裏山で最も傾斜が緩く、児童がシイタケ栽培の学習で登っていた。遺族が「ここに避難させてほしかった」と訴えるルートでもある。

当時の児童は、助かった同級生から「(津波襲来時)教務主任が『山だ』と叫んでいたと聞いた」と取材に答えた。Aルートに向かう途中、津波にのまれた当時中学1年の男性(20)は「Aルートから登ったのは自分1人。コンクリートたたきを横切り、Bルートの避難者と合流するまで誰にも会わなかった」と話す。

奇跡的に助かった児童2人が打ち上げられた斜面を仮にDルートとすれば、教務主任と3年の男

大川小児童らの足取り

※便宜上，北側が下になるように作成しています(34 頁の図も)

避難の各ルート概要

ルート	傾斜	利用状況	距離	時間	
				徒歩	小走り
A	9〜12度　9〜12 度	3月，児童がシイタケ栽培で原木を運ぶ	約 145 m	2分 1秒	59秒
B	27度 19度　19〜27 度	校長や 3 年生が登る	約 120 m	1分45秒	1分8秒
C	24度 9度　9〜24 度	B ルートを登った児童がコンクリートたたきで写生	約 140 m	1分49秒	1分8秒

※仙台地裁判決などを基に作成．傾斜と距離は標高 10 m 地点まで．距離と時間の起点は校庭．時間は原告が実験し，仙台地裁が認定

子児童は、この急斜面を駆け上がった可能性がある。

証言メモを廃棄した市教委

教務主任と3年の男子児童は裏山を越え、千葉自動車整備工場の千葉正彦社長宅で一夜を明かした。教務主任が余震の度に和室の石油ストーブを消す姿が目撃されている。翌3月12日朝、林道に向かう教務主任に気付き、千葉さんの妻が後を追った。山に向かって呼び掛ける姿が見えた。

間もなく当時5年の只野哲也さんらが下山してきた。津波にのまれた後、市職員らと裏山でたき火をして寒さをしのいでいた。只野さんと同級生の男子児童は骨折などの大けがを負い、青あざだらけだった。「先生なのに助かってしまって」。うなだれる教務主任を、只野さんは「先生が悪いわけじゃないですよ」と慰めた。

日中、山あいの入釜谷生活センターに移動し、釜谷峠で一夜を明かした今野ひとみさん(47)と会った。6年の長男大輔君(当時12)が亡くなったことをまだ知らない。ひとみさんが「学校、どうなんですか」と教務主任に尋ねると「何が何だか」と要領を得ない。パニックに近い状態に、ひとみさんは次の質問をのみ込んだ。

当時の校長の携帯に15日午前、教務主任から事故の第一報となるメールが届いた。校長は翌16日朝、市教委を訪れ、事故の概要を報告した。その際に市教委が作成したとされる記録文書には「屋根を越えて津波」「引き渡し中に津波」とある。フリージャーナリストの加藤順子氏、池上正樹氏が震災1年後に情報公開請求で入手し、遺族が問題視していたものだ。

遺族は説明会で「津波を見たのはだれか」「避難していなかったのではないか」「保護者は『引き渡し』という言葉を知らない。先生の言葉ではないか」と市教委にただした。

校長が初めて大川小を訪れたのは震災6日後の17日。15日のメールを基に翌朝、市教委に報告したとみるのが自然だが、校長は後に「避難所とか市河北総合支所で側聞《そくぶん》した」と真偽を曖昧にした。11年6月4日の第2回遺族説明会で、市教委は津波襲来時の様子をこう報告している。「津波はすごい勢いで子どもたちをのみ込んだり、水圧で飛ばしたりした。後ろの方で手をつないでいた低学年の子どもたちも津波にのまれた。学校前は波と波がぶつかるように渦を巻いていた」

児童は上級生を先頭に校庭を出た。校舎の見回りを終えた教務主任は「列の最後尾に付いた」と証言している。目撃者は誰か――。当時、現場にいて助かった学校関係者は教務主任と5年生2人、3年生1人、1年生1人の計5人。市教委は、教務主任や生存児童に聞き取った重要証言のメモを廃棄し、校長も教務主任のメールを消去した。

7年近くたつ今も、遺族がわが子の最期に迫れないでいる理由がここにある。只野さんの父英昭さん(46)は津波被害を「事故」、市教委の事後対応を「事件」と呼ぶ。

教え子の訴え「苦しまないで」

「私たちが作った津波避難のマニュアルが生きた」

石巻市相川小元校長の男性は、東日本大震災の津波で相川小には学校管理下での犠牲がなかったことを知り、胸をなで下ろした。元校長は1998年4月に赴任。相川小に津波を想定した危機管理マニュアルがないことを知り、着任2年目に災害の歴史や郷土史家の助言などを参考に計画を策定した。マニュアルを作った中心メンバー4人の1人が、児童74人と教職員10人が津波の犠牲となった大川小の男性教務主任。当時は相川小の研究主任だった。

教務主任の相川小時代を知る元同僚の男性(47)は「理科が専攻で自然に詳しい。先生なら裏に山があるなら避難すると考えるはずだ」と話す。大川小で1人だけ生き残った先生がいると聞き、とっさに教務主任を思い浮かべたほどだ。

相川小は海から約150メートルと近く、津波で3階建ての校舎が水没した。教職員と児童はマニュアル通り裏山の神社に逃げ、在校児童は全員助かった。地元の女性は、津波避難訓練の時、教務主任が児童を先導し裏山に上がる姿を覚えている。「先生(教務主任)の言うことを聞いていれば、大川小もみんな助かったと思うと残念でならない」と話す。

教務主任は相川小にとって「命の恩人」の1人。一方、大川小では「子どもたちを見捨てたのではないか」と正反対の声が上がる。2016年4月、仙台地裁であった大川小津波訴訟第8回口頭弁論で、原告団長の今野浩行さん(55)は、教務主任を乗客に紛れて逃げ出した韓国の旅客船セウォル号の船長にたとえ、こう訴えた。

「子どもたちを救助しなかったことで心を病み、今も遺族の前に顔を出せないでいる。先生が避難した自動車整備工場には人手があり、ロープなど救助に使える道具もあった」

裏山に逃げ、ぎりぎり助かった高橋和夫さん(69)は住民5、6人を救った。流されかけていた1年の女子児童も、高橋さんが首まで水につかり助けた。高橋さんは「薄暗くなっても『助けてー』

東京であったフォーラムで，大川小の教訓と恩師への思いを語る只野さん＝2017 年 12 月 17 日

と叫ぶ声がずいぶん聞こえた。水が引くと同時に声は次第にか細くなり、遠ざかっていった」と悔やむ。

16年10月の地裁判決は「いかなる救助活動を行おうとも、救命救助の可能性は極めて乏しかった」として、教務主任を免責した。子どもを失った遺族の1人は「先生が救助活動をしていれば、児童の犠牲74人が73、72、71に減ったかもしれない」という思いが今も消えない。

教務主任は震災後、心を病み、7年近く公務災害で休職している。震災前は、シカの角を使った釣り針作りやソーラーパネルを利用したクリスマスツリー制作など、好奇心を刺激する授業や課外活動が子どもたちに大人気だった。当時5年の只野哲也さんは17年12月、東京であったフォーラムで恩師への思いを語った。

「先生の中で1人だけ生き残ったことで葛藤に苦しんでいると思う。言いたいことを言い、少しでも楽になってほしい。震災前の楽しかった話もしてみたい」

目　次

第3章　災害列島の学校で、いま　

本書の記述における「現在」は、本書のもとになった河北新報連載時の２０１８年1月〜同年6月時点です。

2階の6年生の教室には，今も教壇と児童の机と椅子が残っている．卒業式は1週間後だった＝2018年1月12日，石巻市釜谷の大川小

第1章 そのとき、何が

1　激　震——14時46分から15時10分まで

奔走する教職員

マグニチュード9・0の国内観測史上最大を記録した東日本大震災。巨大津波が河口から約3・7キロ離れた石巻市大川小を襲うまで約50分あった。児童74人と教職員10人の命が失われるまで何があったのか——。当時の児童や保護者らの証言を基に、3月11日午後2時46分の地震発生から3時10分ごろまでの初期対応を検証する。

「〝ありがとう〟って伝えたくて　あなたを見つめるけど」

校舎2階の教室に大きな歌声が響く。両親に贈るため、4年生が人気バンド・いきものがかりの大ヒット曲「ありがとう」を録音していた。学校では「6年生を送る会」を終えたばかり。卒業式は1週間後。作品が廊下に展示され、学びやは旅立ちの春の空気に満ちあふれていた。各学年で授業が終わり、ちょうど帰りの会が終わるか、下校を始めた頃。5年生は「起立」の号令を掛け、「さようなら」を言う瞬間だった。

「また地震だ」。9日に宮城県北部で震度5弱、10日も石巻市で震度4の地震があったばかり。ただ、すぐ別物だと分かった。大川小周辺の震度は6弱。経験したことのない長く巨大な揺れが、校舎全体を激しく揺らした。「机の下に入れ！」。6年担任の男性教諭(当時37)が叫ぶ。窓がサッシごと床にたたき付けられ、水槽がバシャバシャと波打つ。体が左右に振られる。

「怖い」「お母さん」

1階の1、2年教室から悲鳴が上がった。パニック状態になった子もいた。「大丈夫。しっかり、落ち着いて」。教職員は努めて冷静に話し掛けた。

大川小の野球チーム「大川マリンズ」親の会の会長だった鈴木新一さん(55)は校舎2階で地震に遭った。当時6年の次男大雅さん(19、大学1年)が体調を崩し、迎えに来ていた。鈴木さんと一緒にいた6年担任が血相を変え、受け持ちの教室に走る。「鈴木さんも身を低くして」。担任の気遣いに、鈴木さんは「地震直後、先生たちは児童を守ろうと立派に行動していた。先生に任せておけば大丈夫。正直、頼もしいと思った」と振り返る。

約3分20秒間続いた揺れが収まるのを見計らい、男性教頭(当時52)が「校庭に避難してください」とハンドマイクで繰り返した。停電で校内放送は使えなかった。大川小は地震や火災などを想定し、年3回、避難訓練をしていた。「いつも通り逃げろ」と指示が飛んだ。

1、2年生は1階教室の窓から直接校庭に出た。前の子の肩に手を載せて列を作り、3年生が歩いて昇降口から出てきた。「会長さんだ」。こわばった顔が多い中、大川マリンズの3年の佐藤健太君(当時9)が鈴木さんを見つけ、声を掛けた。「大丈夫か？」「大丈夫だから」。気丈に振る舞う健太君との最後の会話になった。

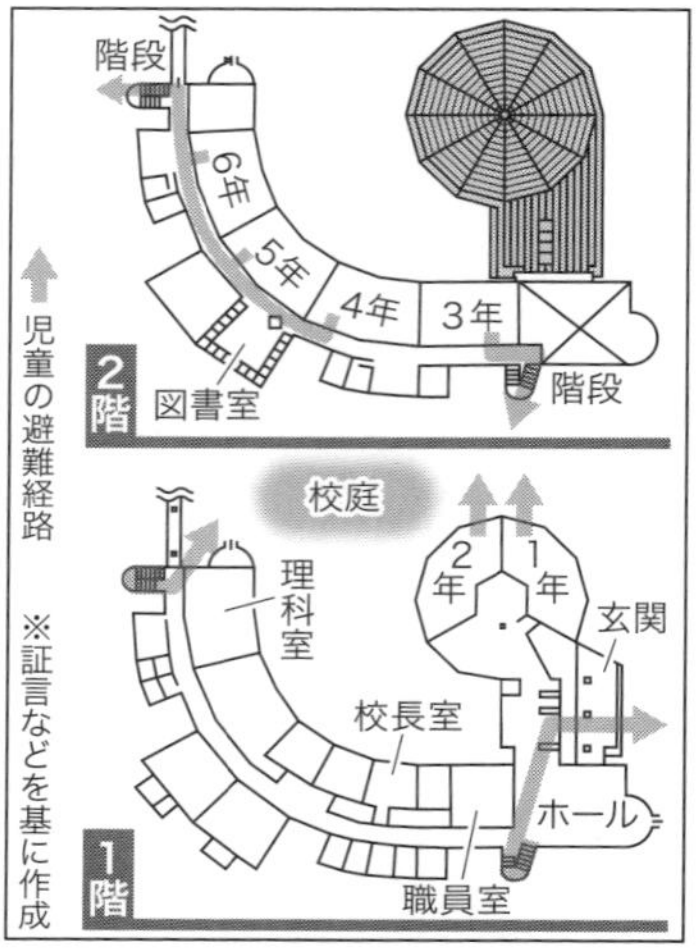

地震直後の児童の避難経路

大雅さんは学校脇の道路に止めた車の後部座席で父を待っていた。「周りの木が倒れてきても大丈夫だから」と校庭に出ると、既に1、2年生が集まっていた。

3月9日の前震の際、児童の多くは防寒着を持たずに避難し、校庭で凍えていた。当時4年の女性(16、高校2年)はいすに掛けていたジャンパーを手に早足で階段を下り、校庭に出た。全校児童108人のうち、欠席や早退を除く103人が当時、校内や学校付近にいたとされる。学校にいた教職員11人に付き添われ、子どもたちが続々と校庭に避難してきた。

外は雪。午後2時50分の気温は1・6度。寒気が肌を刺す。

点呼のあとに

「ただ今、宮城県沿岸に大津波警報が発令されました。海岸付近や河川の堤防などに絶対近づかないでください」

3月11日午後2時52分、大川小の校庭にサイレンが鳴り響いた。校庭の隅に設置された防災無線のスピーカーが大津波警報の発令を知らせる。短い警告が2度繰り返された。1分前にはNHKのテレビとラジオが東日本の広い範囲に津波の到達予想を伝えていた。「宮城県は午後3時、高さ6メートルです」。時刻と高さはあくまで目安、と付け加える。ラジオ放送は、校庭にいた男性教頭ら教職員の耳にも届いていた。

当時、校庭には約１００人の児童が整列していた。教室からの移動は全体的にスムーズだった。通学用のヘルメットと防寒着を身に付けて座り、「寒いね」と肩を寄せ合った。

「点呼を取ります」

担任の女性教諭に名前を呼ばれ、当時5年の男性(18、高校3年)は「はい」と返事をした。教諭が１人１人の無事を確認して回る姿を覚えている。点呼は数分で終わり、状況が教頭に報告された。男性は「教室から上履きのまま校庭に出て整列・点呼まで、避難訓練で練習した通りにできた」と振り返る。

２０１０年6月の避難訓練計画書は、地震発生時の対応を（1）机の下などに避難、（2）校庭に避難、（3）整列・人員確認、（4）次の指示まで待機――と定めていた。さらに「校長先生のお話」と続くが、当時校長の柏葉照幸氏は休暇で不在。教頭が指揮を執る際の役割分担や、余震が続く場合の想定はなかった。

点呼を終えた直後、教職員は校庭から次の避難場所について検討を始めた。

「どうしますか、山へ逃げますか？」。午後3時ごろ、男性教務主任(56)が教頭らに尋ねた。誰かから「この揺れの中では駄目だ」という趣旨の答えが返ってきた。既に津波の懸念が多少なりとも芽生えていた。児童の一部は動揺して泣いたり、抱き合ったりしていた。「先生たちが付いている

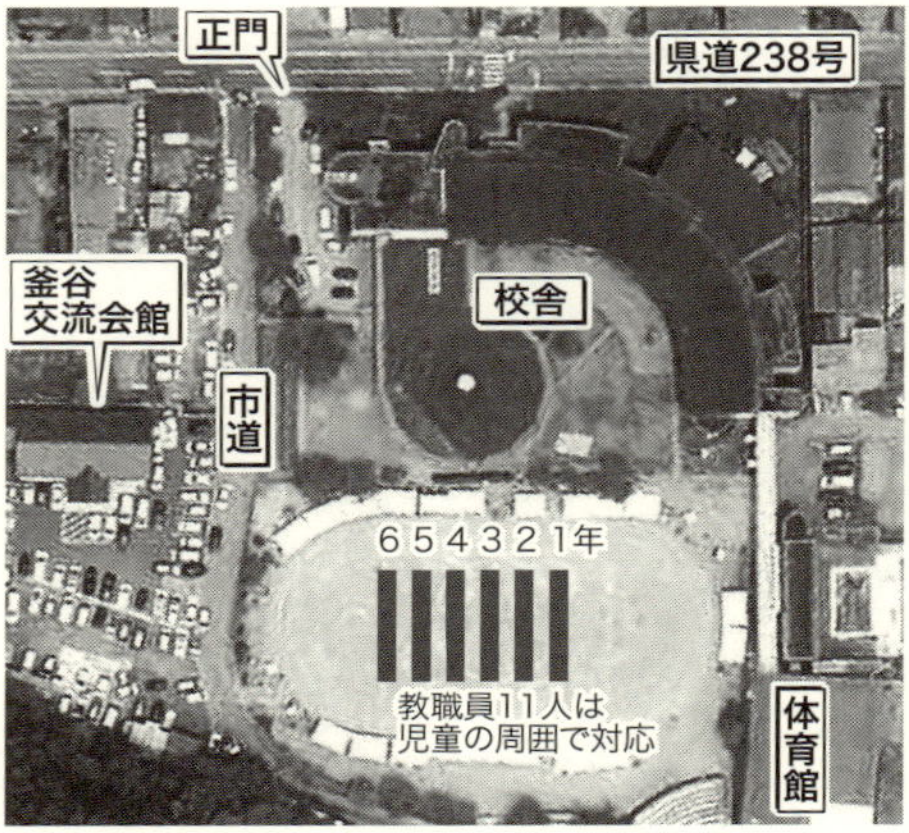

校庭に整列する児童（証言を基に作成）

から大丈夫だよ」。頼もしい声が聞こえた。

列の後ろで2年担任の男性教諭（当時55）が嘔吐《おうと》した女子児童を抱っこしていた。いつもピンクのエプロンを掛けた優しい先生と評判だった。教諭は「ママ」と泣き叫ぶ女子児童を優しくなだめた。

余震の度、校庭がざわめく。当時5年の男性は前年2月のチリ大地震津波を思い出していた。「こんなに大きな地震なら津波が来るかもな」。ただ、口にはしなかった。教職員や友達からも津波に関する話は聞いた覚えがない。男性は「内心は不安だったが、なるべく地震の話題は避けた。友達に『大丈夫』と言いながら、気持ちを落ち着かせようとしていた」と振り返る。

柏葉氏はこの頃、約60キロ北西の大崎市内から教頭や教務主任、市教委に電話をかけ、教務主任も校長や市教委への連絡を何度も試みたとされる。いずれも電話はつながらなかった。方針が定まらないまま、校庭での待機が始まった。

北上川の異変を察知できず

巨大地震の発生直後から、大川小の校庭には近くの住民が避難してきた。東日本大震災当時、学校は津波避難場所に指定されていた。

「余震もすごいし、ここにいた方が安全かな」。息子を迎えに来た女性は、校庭にいた保護者とこんな会話をした。脳裏にあったのは、11年2月22日に起きたニュージーランド南部の大地震。ビルや家屋が崩れ、日本人留学生28人を含む計185人が犠牲になった。3・11の17日前の出来事だ。女性は当時、周りで逃げようとする姿を見た覚えがない。「建物が倒れてくることしか頭になかった」。大川小前の県道でも多くの住民が自宅から出て話し込んでいた。

学校がある釜谷地区で働いていた男性は「どこかよそ事のように思ったんだろう。過去に津波を経験していないからか」と推し量る。「すごい津波が来るらしい」と話す住民の表情にも緊迫感はなかったという。

この頃、既に各地で異変が起きていた。

「鳴瀬川河口、急に潮が引いている」。午後2時59分、石巻地区消防本部に隊員から情報が入った。鳴瀬川は大川小から約30キロ南西の石巻湾に注ぐ。大川小近くの北上川でも異変が起きていた。

「今まで見たことないほど水が引いている」。石巻市北上町の佐藤秀子さん(64)は新北上大橋を車で走行中、「これは津波が来る」と直感した。子どもの頃から長年、北上川でシジミ採りをしてきた。普段の干潮時より50センチは低いだろうか。

学校で当時1年の孫を引き取った佐藤さんは、6年担任の男性教諭から「橋が危ないようなので気を付けて帰ってください」と言われ、校庭を後にした。佐藤さんは「孫の引き取りに精いっぱい

大川小に向かう途中，北上川の水位が下がっている様子を目撃した佐藤さん．「異変を伝えていればよかった」と悔やむ＝2018 年 1 月 10 日，石巻市の新北上大橋

で、次は保育所にいる孫も迎えに行かなきゃと気が急いていた。川の様子を伝える余裕がなかった」と悔やむ。

当時の市河北総合支所職員及川利信さん(64)も北上川の異変に気付いていたが、「当初予想された『6メートル』の津波なら堤防があるから大丈夫、と安易に考えてしまった」と話す。

当時中学1年の男性(20、大学2年)は、一緒に北上川を見ていた父親から「引き波は津波の兆候だ」と教えられた。映画「ディープ・インパクト」で見た光景がよみがえる。父親は「川を遡上《そじょう》する津波を息子に見せてあげようか」と考えていた。

震災2日前の3月9日昼、三陸沖でマグニチュード7・3の地震があり、宮城県に津波注意報が発令された。「川の方も見てきますか」。男性教務主任は当時、対応の指揮を執った校長の柏葉氏に提案し、北上川の様子を確認していた。

１９５６(昭和31)年発行の大川村史が「我が村の死命を制する河《かわ》」と呼ぶ北上川。震災当日、その様子を確かめた教職員がいたとの証言はない。大川小は北上川河口から約３・７キロ離れているが、川との距離は約２００メートルと近い。堤防の高さは約５・２メートル。当初予想された津波高６メートルより低い。

目の前で起きていた異変に、教職員はまだ誰も気付いていない。

2日前も協議された「裏山への避難」

東日本大震災の発生直後、大川小の児童約１００人は校庭で待機していた。同じ光景は２日前の３月９日にもあった。午前11時45分、三陸沖を震源とする地震が発生し、宮城県に高さ０・５メートルの津波注意報が発令された。校庭での待機を解いた後、職員室では「津波」が話題に上った。

「万が一、大川小まで津波が来たらどうしようか」

当時の校長柏葉氏が教頭と教務主任に話し掛けた。

「竹やぶの所から(裏山に)登って逃げるほかないかな。でも足元が悪いし、急だから、なかなか避難には使えないかもしれない」

「やはり階段が必要になる。学校職員だけでは造れない。ＰＴＡの方に力を借りたらどうかな」

大川小の当時の危機管理マニュアルは、津波を想定した具体的な避難場所を指定していなかった。校庭からどこに逃げるか――。学校のトップ３による話し合いは結論が出ず、職員会議も開かれなかった。

長女の書き取りノートを見詰める狩野さん．震災前日，娘が最後に練習した「津波」の二文字と，泥の跡が残る＝石巻市針岡

避難先に裏山を挙げ、3人が協議したのは一度だけではない。（1）チリ地震で大津波警報が出た2010年2月、（2）11年6月の防災訓練に向けた打ち合わせをした同年2月、そして（3）震災の2日前と、少なくとも3回はあったとされる。柏葉氏は大川小事故をめぐる訴訟で、三者協議について「万が一（津波が）来た時の場合の話で、来ると想定はしていなかった。『万が一』は言葉の中での話」と釈明した。

3月9日の地震発生から40分後、石巻市鮎川では48センチの津波を観測した。大川小近くに住んでいた男性は沖に船を出した。「結局（被害は）何もなく、肩すかし。人生ずっとそう『教育』されてきた。津波の予測が出ても、オオカミ少年のようなもの」と受け止めていた。

「この時、2メートルぐらい来れば良か

った。来れば良かった…」。震災当日、大川小で待機中に亡くなったスクールバス運転手の元同僚の男性は繰り返す。

「もっと大きな宮城県沖地震が来るかもしれないからね。来たらすぐ山に逃げなさいよ」。3年の男子児童(当時9)を亡くした祖母(68)は9日午後、帰宅した孫にこう言い聞かせた。「学校の裏山に登れる所があるよ」。孫がこう話した裏山に震災当日、登ることはなかった。祖母は「そこに逃げてほしかった」と悔やむ。

2年の長女美咲さん(当時8)の母狩野正子さん(45)は震災1週間後、北上川の堤防道路付近で娘のランドセルを見つけた。泥まみれの「書き取りノート」が入っていた。担任の男性教諭は毎日、漢字を含む五つの言葉を宿題に出した。震災の前日、教諭が出した漢字二文字は本来、中学校と小学3年生で習う。

海に面した宮城県本吉郡南三陸町から通う教諭が、子どもたちに一日でも早く教えたかった漢字とは何か。

「津波　津波　津波…」

美咲さんが覚えようとした最後の言葉になった。

児童引き渡し規則は…

雪はいつしかみぞれに変わった。

3月11日午後3時ごろ、大川小の周辺に子どもを迎えに来た保護者の姿が目立ち始めた。心配そうな顔で子や孫に駆け寄り、無事を確かめ、安堵《あんど》の表情を浮かべる。児童の正面にテーブルが用意され、順番を待つ保護者の列ができた。「誰が来たか分かるようにメモを取って」。教職員の間で指示が飛ぶ。名前と時間を確認し、順に帰宅させた。

「気をつけて帰ってね」。教え子を見送った4年担任の男性教諭(当時27)の髪はみぞれでべっとりぬれていた。別の教職員は泣いている児童に「すぐ迎えに来るよ」と声を掛けた。

災害時、保護者による子どもの引き取りは、教育現場で「引き渡し」と呼ばれる。当初、引き渡しは6年担任の男性教諭が主に担当していたが、教諭らは手探り状態だったとみられる。

当時大川中1年だった佐藤優太さん(20、大学2年)は「とりあえずここで待っていて」と言われ、校庭で10分近く待たされた。5年の弟の隣で座って待つ間、「なんで引き取れないんだろう。親じゃなきゃ駄目なのかな」と考えていた。30代の母親は3月9日の前震時、海沿いの幼稚園に娘を迎えに行った。震度5以上で引き取る決まりがあったからだ。低学年の息子が通う大川小のルールが気になり電話した。「今のところ引き渡しのルールはない」という答えに「大川小は山側で安全なんだな」と受け止めた。

実際は(1)震度6弱以上の場合は原則、引き渡す、(2)引取者は事前に登録した人——などのルールが存在した。導入後の07、08年度は緊急時の連絡先や引取者を事前に登録する「防災用児童カード」を保護者に提出させていた。だが、柏葉氏が校長に着任した09年度を境に保護者への周知は途絶えた。

柏葉氏は12年1月の第3回遺族説明会で「児童カードは見たことがなかった。校長として引き継がず、怠慢があった」と謝罪した。津波警報発令時、浸水予想区域に住む児童を引き渡すかどうかも検討していなかったという。

校長の怠慢が「大川小の悲劇」を拡大させたとみる遺族もいる。

息子と母親を失った男性は「母はいつも孫の帰りをバス停で待っていた。あの日もちょうどスクールバスが着く時間帯。孫の帰りを待つ間、母も犠牲になったのではないか」と話す。

6年の長男大輔君(当時12)を亡くした今野浩行さん(55)も、「子どもが帰ってくるかもしれないのに逃げられるわけない」と批判。両親はすぐ避難できるよう身支度を整え、孫の大輔君の帰りを待っている間に逃げ遅れたとみられる。

地震発生時に校内や学校付近にいた大川小の児童103人のうち、引き渡された27人は全員助かった。引き渡しが犠牲を招いた他校と異なり、「なぜ、大川小だけが」と語られる理由の一つでもある。

「あの日、迎えに行かなかったことは一生の悔い」。2児を失った母親(44)は7年近くたつ今も苦しんでいる。

「帰れるかな」

「石巻市鮎川で午後2時52分、50センチの津波が観測されました」

巨大地震の発生から16分たった3月11日午後3時2分、NHKのラジオが宮城県内で観測された最初の津波情報を放送した。「津波は繰り返し押し寄せる恐れがある」と警戒を促す。

大川小の校庭に避難した児童の列は、保護者への引き渡しが進むにつれて崩れ始めた。当時1年の女子児童は、端だった列が途中から真ん中に移ったことを覚えている。担任の女性教諭(当時24)は防寒着を校舎に置いてきたのか寒そうにしていた。「2年生になっても先生がいい」。1年生が慕っていた若手教諭だ。

6年の女子児童を引き取りに来た保護者は、学校に向かう車中で「6メートル」の津波予想を伝えるFM放送を聴き、鼓動が激しくなった。「早く山に逃げて」。校庭にいた6年担任の男性教諭に駆け寄り、腕をつかんで右手で裏山を指した。教諭は冷静な様子で「落ち着いてください」と答えたという。

「現在、宮城県沿岸に大津波警報が発令中です。海岸付近や河川の堤防などには絶対近づかないでください。繰り返します…」

午後3時10分、校庭の防災無線が2度目の大津波警報を流した。津波襲来前、大川小に流れた最後の無線だ。内容は1度目とほぼ同じ。ただ、サイレンは鳴っていない。「ここは海岸沿いになるの？」。当時4年の女性(16、高校2年)は無線を聴き、友達に尋ねた。せり出した山に阻まれ、学校から約3・7キロ先の海は見えない。次々に迎えに来る保護者の姿を横目に「お母さん、今日仕事休みだったかな」と不安を募らせた。

「じゃあ俺、先帰っから。またねー」。1人、また1人と帰途に就く。そうした中、6年の男子児童が担任と言い合い、「いいから座ってろ」と注意された。様子を見ていた当時5年の男性(18)は「6年の活発な子だから『またか』と思った」と話す。別の児童は「男子が『俺たち大丈夫なんですか』と(誰かに)言っていた」と証言した。

「津波、やばいんじゃないの」「高い所に行った方がいいんじゃないか」。津波への危機感を募らせる6年の男子児童の会話を覚えている同級生もいる。

一方、6年の女子児童は校庭で泣いていた。普段は人前で涙を見せず、驚いた友達が慰める。少し前に見た悪夢を思い出していたという。「教室でわいわいしている時に地震が起きて、黒い渦みたいなものにみんなのみ込まれる夢を見た。本当にそんなふうになるのではないかと思って泣いた」。震災直後の取材にこう語っている。

この頃、海沿いの地区から猛スピードで走ってくる車が目撃されている。余震の度に地鳴りがして、校舎は音を立てて揺れた。教職員は住民を交えて話し合っているが、今後の対応は決まらない。

「帰れるかな」。男子児童の1人がつぶやいた。

「ただいま」と言える日常は、当たり前に続くと信じていた。

2　迷い――15時10分から15時25分まで

待機するバス運転手

巨大津波の襲来が刻一刻と迫る中、教職員と児童は校庭にとどまり続けた。高台への避難をため

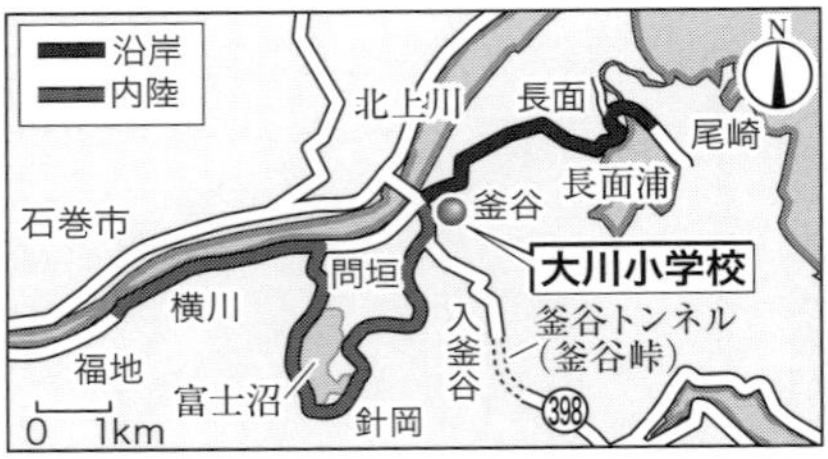

大川小のスクールバス路線

らわせた「迷い」とは何だったのか――。当時の児童や保護者らの証言を基に、3月11日午後3時10分ごろから同25分ごろまでの状況を再現、検証する。

「バス、来なければいいな」

午後3時10分、沿岸にある石巻市長面《ながつら》の自宅を車で出た鈴木新一さん(55)は不安を募らせていた。いつもなら午後3時3分ごろ、大川小のスクールバスが長面に到着する。北上川の水が引いており、津波を心配していた。長面方面に向け、午後2時58分に大川小を出発するはずだったバスは、学校前の県道で待機していた。定員は46人。北上川沿い東西約11キロの学区を沿岸と内陸の2路線でカバーし、全校児童108人の半数超が利用していた。

運転手の三浦勝敏さん(当時63)は当日、代理で大川小に来ていた。笑顔を絶やさない温厚な人柄と堅実な仕事ぶりが評判のベテランドライバーだ。

長面の自宅に向かっていた保護者は、学校周辺で三浦さんと交わした短い会話を覚えている。

「子どもは(バスで)帰してくれるの?」「待機だね。親の判断で(引き取り)した方がいいよ」

大川小の危機管理マニュアルは、バスによる登下校中に津波が発生した場合、「児童は運転手の指示に従う」と定めていた。地震は下校直前。当時の校長柏葉照幸氏は大川小事故をめぐる訴訟で

「津波が来ると分かれば、向こう（沿岸）まで行かないで引き返すのが当然だと思う」と述べたが、具体的なバスの運用方法は議論していなかった。

三浦さんの同僚だった小出新さん(70)は空のバスを運転中、三浦さんと無線で交信した。「応援さ行っか？」「大丈夫だ」。本社の無線は停電で使えなかったとされるが、バス同士は交信できた。カーラジオは大津波警報を伝えていた。小出さんは「津波来っから（児童を）バスさ乗せろ。自分で判断して逃げろ。先生の言うこと聞くな」と叫んだ。約3キロ山側の釜谷峠への避難が念頭にあった。三浦さんは別の男性同僚(69)との交信で「学校の指示が出ないから、勝手なことはできない」と話していた。統計には含まれていないが、亡くなった三浦さんも学校管理下だったと言える。

午後3時すぎ、幼稚園の送迎バスが大川小に立ち寄った。尾崎《おのさき》に通じる橋が段差で通行できないという情報を伝えるためだ。尾崎で降ろすはずの園児3人を乗せたまま、内陸の園に戻る途中だった。

男性運転手(56)は、バスと学校の間を行き来する三浦さんを見掛け、「尾崎には行けないよ。逃げた方がいいんじゃないか」とアドバイスしたが、「自分だけ動くわけにはいかない」と答えたという。男性は校庭に走り、教職員と顔見知りの保護者に橋の状況を伝えた。児童は慌てる様子もなく、校庭で座っていた。きょうだいを迎えに来たのか、地震前に降ろした園児が母親に手を引かれて校庭にいた。

男性は「海から離れよう」と急いでいたが、釜谷地区は普段と変わらない様子に見えたという。ただ、幼稚園バスの女性添乗員(56)は「川の様子が分からず、怖い」と感じていた。男性は、「結果的にバスが2台あった。あの時『逃げろ』って言っていれば…」と今も悔やむ。

校長不在のもとで

大川小の校庭に立つ防災無線は3月11日午後2時52分と3時10分の2回、大津波警報の発令を告げたきり、沈黙した。

「(午後3時)30分に津波が来るんだってよ」「あと20分しかないじゃん」。午後3時10分、児童を迎えに来た母親同士がこんな会話をした。

災害対策本部を統率するはずの当時の校長柏葉氏は不在。教頭ら教職員11人が頼ったのは、指揮台に置いたラジオと保護者や住民がもたらす断片情報だった。教頭に次ぐ当日のナンバー2、教務主任は走り回っていた。本来2人で担う校内の安全点検は女性用務員が外出中だったため1人で行った。児童の防寒着を取りに戻ったり、トイレに付き添ったりした。

児童の引き渡しは6年担任の男性教諭が担当した後、複数の教職員が関わった。各担任は児童の世話や保護者、地域住民の対応にも当たった。弟を迎えに来た当時大川中1年の佐藤優太さんは「先生たちは大変そうだった。どうしたらいいか分からない、パニック状態だったのかもしれない」と振り返る。

災害対応の指針となるのが、各学校が定めた危機管理マニュアルだ。市教委は震災前、校長らを集めた会議や研修会で、高い確率で予想された宮城県沖地震や2010年2月のチリ地震津波を踏まえ、マニュアルの整備と周知、訓練の実施を求めていた。大川小は07年度のマニュアル改訂時、

校庭から裏山を望む．体育館脇の野外ステージ跡に，卒業制作で描かれた壁画が残る＝2018 年 2 月 3 日，大川小

初めて「津波」の文言を盛り込んだ。校庭から次の避難場所は「近隣の空き地・公園等」とした。10年度の改訂もこれを踏襲した。

柏葉氏は震災後、校庭から次の避難先について「釜谷交流会館の駐車場、体育館裏の児童公園を考えた」と説明したが、マニュアルに具体的な避難場所の記載はなく、周知もされていなかった。震災当日、教職員が長く校庭にとどまり続けた理由の一つとされる。

マニュアルの不備が明るみに出たのは、多大な犠牲が出た後だった。12年1月の第3回遺族説明会で、柏葉氏は「校長として至らなかった」、市教委学校教育課長だった山田元郎氏も「指導点検しなかった責任を重く感じる」と謝罪した。

「裏の山は崩れるんですか」「子どもたちを登らせたいんだけど…。無理がありますか」

マニュアルにない裏山への避難について、教頭が地元の高齢者数人に聞いて回る様子を40代の母親が覚えている。丁寧な口調が印象的だった。「しばらく校庭にいた方が安全です。道路も壊れるかもしれない」。児童を引き取りに来た別の母親を、6年担任の男性教諭が呼び止めた。母親は「ここにも津波が来るかもしれない。ラジオでも言ってる」と告げ、午後3時20分までに校庭を出た。帰り際、母親は4年担任の男性教諭に「逃げた方がいいよ」と伝えた。見送る教諭の不安げな表情が忘れられない。

教務主任は11年6月、遺族に宛てたファクスに「皆、夢中で動いていた」と記した。マニュアルにない次の避難先を模索するうち、時間だけが過ぎていった。

避難か待機か

気象庁は3月11日午後3時14分、宮城県で予想される津波の高さを「6メートル」から「10メートル」に引き上げた。テレビ画面にほぼ同時にテロップが映し出された。「10メートルの津波が来る」。大川小の校庭で、児童の母親が携帯電話を示しながら周囲に話し掛けた。指揮台のラジオはまだ伝えていないが、「10メートル」という巨大津波の情報はさざ波のように校庭に広がった。

校庭では教職員が住民を交え、対応を話し合っていた。「山へ逃げた方がいい」。教頭は徒歩で2分、小走りで1分ほどで行ける裏山への避難を完全に捨て去ってはいなかった。住民は「ここ(釜谷地区)まで来ないから大丈夫」「学校にいた方が安全だ」と主張し、話し合いは平行線をたどる。当時5年の男子児童は、教頭と住民が言い合うような光景を目撃していた。

住民の危機意識は一様ではなかった。50〜60代の男性が校庭で「津波だっつどう。なんぼでも高い所に上れ」と大声で叫んだ。近所に住む民生委員の50代女性も「津波来っから、早く逃げらい」と叫び、大きな身ぶりで裏山への避難を促す姿が目撃されている。

一方、この女性は学校に身を寄せた高齢者に「ここにいれば安心だから」とも話していた。若い父母の多くは仕事で地域外にいた。校庭に身を寄せた住民のほとんどが高齢者だった。

疑わしきは行動せよ、空振りは許されるが見逃しは許されない――。教頭らが10年8月、市教委の研修会で学んだのが災害時における「プロアクティブの原則」だ。ただ、当日トップだった教頭をはじめ、教職員はまだ行動に移せずにいた。

大川小は人口2500弱の地域に立つ小規模校。全校児童108人のほとんどが3世代同居だ。学校運営の基本方針となる大川小の教育計画は「父母の学校教育に対する関心は高く、学校行事やPTA活動などに積極的に参加し、極めて協力的」と記している。授業参観の出席率はほぼ100%。運動会の前には保護者総出で校庭を整備し、草1本、石1個残らぬほどだったという。学校と地域の関係は理想的と誰もが信じていた。

09年4月、柏葉氏が校長に就任後、多くの保護者が「異変」に気づき始めた。まず、教職員が地域の行事に参加しなくなった。裏山でのシイタケ栽培は中止され、保護者への連絡や配布物の遅れが目立つようになった。当時の教職員13人のうち、8人が赴任1～2年目。地域の実情に疎い教員集団が命に関わる重大な決断を住民に頼り、避難が遅れたのではないか。6年の長男大輔君を亡くした今野浩行さんは憤りを隠さない。

「子どもの命は誰が守るのか。判断するのは学校。地域に委ねるのは責任転嫁でしかない」

午後3時16分、テレビが釜石市を襲う津波の映像を生中継した。自動車が小石のように押し流されていく。巨大津波が太平洋沿岸で牙をむき始めた。

「浸水想定外」という油断?

「津波の高さは10メートル。津波警戒隊は高台へ避難せよ」。3月11日午後3時16分、石巻地区消防本部から無線で指令が飛んだ。隊員への撤収命令だ。事態は緊迫の度を増していた。

午後3時15〜20分ごろ、消防の広報車が石巻市大川小の前を通過した。「大津波警報が発令されています。避難してください」。沿岸の長面方面に向かいながら、サイレンを鳴らして避難を呼び掛けた。この時かは不明だが、校舎内を点検していた教務主任がサイレンを聞いた。校庭に戻り、教頭に「津波が来ますよ。どうしますか。危なくても山へ逃げますか」と尋ねたが、明確な返答はなかったという。

教務主任は避難場所を探すため、校舎に戻った。教務主任は震災後、保護者に宛てたファクスで「教頭とは2回、ほんのわずかな会話しか交わすことができなかった」としている。

前後して、永沼輝昭さん(77)が孫2人を引き取るため、車で大川小に来た。自宅がある長面に津波が来ると直感し、学校から約3キロ山側の釜谷峠に避難するつもりだった。永沼さんは、学校前で男性2人を見掛けた。「釜谷の区長だったと思うが、消防署員らしき人に『どこさ逃げればいいんだ』と聞いていた。焦った様子ではなかった」と話す。

09年3月に公表された津波ハザードマップで、大川小は市の津波避難所に指定されていた。校庭には本震直後から高齢者らが身を寄せた。毛布やブルーシートを持ち込んだり、使い捨てカイロを配ったりする人もいた。

当時の校長柏葉氏は大川小事故をめぐる訴訟で、「避難所になっている以上、津波は来ないと思った」と釈明。一方で、震災直前の2月、市職員に「堤防を津波が越えてくることはないのか」と尋ね、「計算上、堤防を越えないことになっている」との回答だったと明かした。大川小の学区は沿岸の長面、尾崎から学校の東約８００メートルまでが津波の予想浸水域に入っていた。防災意識を高めるはずのハザードマップが、逆に「油断」を助長した可能性が高い。

午後3時21分、ＦＭラジオが予想津波高「10メートル」を伝えた。校庭の指揮台にあったラジオでＦＭを聴いていたかは分かっていない。

同時刻、市河北総合支所副参事だった山田英一さん(62)は新北上大橋を走行中、宮城県牡鹿郡女川町に津波が到達したとＡＭラジオで聴いた。長面、尾崎に避難を呼び掛けるため、山田さんの1号車を含む3台の広報車が支所を出発していた。

午後3時23分ごろ、3号車が大川小に立ち寄り、支所職員の男性2人が教頭に体育館が使用できるか尋ねた。「照明が落下する危険性があり、受け入れできない」との答えだった。この時、津波の話は出なかったという。子どもたちは行儀良く並んでいるように見えた。2人は「じゃあ、学校の方はお任せしますから」と言い残し、校庭を後にした。

10年2月のチリ津波地震の際にも十数人が体育館に避難した。午後3時23分ごろ、支所職員が体育館を利用できるか確認した行為について、大川小事故をめぐる第三者検証委員会は「(教職員の)

危機感の高まりを抑制する方向に働いた可能性」の一つに挙げる。

松林に水煙

白い波が北上川を遡上《そじょう》してきた。3月11日午後3時23分、石巻市北上町十三浜で目撃された津波の第1波だ。高さは30～40センチ。対岸の大川小の校庭から川の様子は見えない。同じ頃、市河北総合支所の広報車がバックで大川小前の県道に出た。誘導したのがスクールバスの運転手三浦勝敏さんだ。支所職員は「どうも」とあいさつし、沿岸の長面、尾崎方面へ避難誘導に向かった。

校庭では児童の引き渡しが散発的に続いていた。保護者の男性は、教職員が紙に「3時23分」と書いたのを覚えている。校庭での待機は既に30分を超えていた。当時5年の男性(18、高校3年)は震災前、祖父から「大きい地震があったら山に逃げろ」と教えられていた。男性は「校庭に出た時には『山に逃げなきゃ』というのはすっかり頭から抜けていた」と話す。

「大丈夫っしょ」「死にはしない」。児童たちは強がったり、励まし合ったり。待機が長引くにつれ、家のゲーム機やプラモデルが壊れていないか、明日遊べるかなど子どもらしい会話もした。男性は「それくらい危機感はなかった」と振り返る。

一方、当時1年の男子児童は「怖い」と震えていた。校庭で友達同士で抱き合ったり、手をつないだりする姿もあった。震度1～3の余震は数分おきに起きた。約12キロ離れた観測点は午後2時46分から3時25分まで計18回の余震を記録した。地面が揺れるたび、児童から「おおー」と声が上がった。

当時1年の女子児童が担任の女性教諭に「山へ登るの」と尋ねた。「登れないんだよ。危ないから駄目なんだ」という答えが返ってきた。裏山は03年3月末ごろ、斜面の一部が崩れ、03〜04年度に崩落を防ぐ工事が実施された。震災3年前の08年6月には岩手・宮城内陸地震が発生。栗原市などで大規模な地滑りが起き、17人が死亡、６人が行方不明となった。

大川小事故をめぐる第三者検証委員会は、教職員が当時、津波よりも崖崩れの危険性に意識が向いていた可能性を指摘した。ただ、裏山で地震による倒木や土砂崩れは起きていない。

６年担任の男性教諭が、運んできたドラム缶に木をくべ、たき火の準備を始めた。午後3時20分の気温は０・9度。寒さ対策とみられる。校庭に最大十数人いたとされる住民は徐々に減り、学校の隣にある釜谷交流会館に移ったり、自宅の片付けに戻ったりした。

03年完成の会館は平屋だが、１９８５年完成の大川小より新しい。敷地も周辺より1メートルほど高かったという。低地の釜谷は大雨でたびたび冠水したが、会館が浸水した記録はない。寝たきりの高齢者を連れて来る人もいた。

沿岸部に向かっていた支所副参事の山田さんらの広報車1号車は、釜谷と長面の間にある釜谷霊園を過ぎた辺りに差し掛かった。約3キロ先に数万本もの松の林が広がる。追波《おっぱ》湾に面した長面海水浴場沿いにある防風林で、「松原」と呼ばれていた。

白い塊のようなものが松林を抜けてきた。間髪入れず高さ15〜20メートルの松林の上に飛び散る水しぶきが見えた。

「津波が来た」

山田さんは急いで車をUターンさせた。

3　緊　迫――15時25分から津波襲来まで

学校から約3・7キロ離れた沿岸部を襲った津波の目撃情報は、校庭で待機する教職員らに伝わり、情勢は一挙に緊迫する。当時の児童や住民らの証言を基に、3月11日午後3時25分ごろから津波襲来までの状況を再現、検証する。

「避難」を叫ぶ広報車

高さ15～20メートルの松林(松原)を越える白い波しぶきが見えた。「間違いなく来る」。石巻市河北総合支所の広報車1号車を運転していた山田英一さんは、後に大川小をのみ込む巨大津波を目撃した。場所は海岸から約2・4キロ、大川小からは約1・3キロ離れた県道。時刻は未確定だが、午後3時25分ごろとみられる。津波が迫る。山田さんは身の危険を感じ、急いでUターンした。

「松原を津波が抜けてきたのですぐに避難してください」。助手席の菅原秀幸さん(当時51)が、車に備えられた拡声器で避難を呼び掛け始めた。「緊急、緊急、津波の第1波が襲来」。午後3時26分、石巻地区消防本部の消防無線が北上出張所発の情報を伝えた。消防無線は1号車も搭載していた。

大川小がある釜谷地区の女性(71)は自宅を片付けていた時、県道を猛スピードで走る広報車を窓越しに見掛けた。「すごいスピード。飛ばしていくなあと思った」と振り返る。女性は広報車が呼び掛けた内容を聞き取れなかったが、同じ釜谷の住民は「尋常ではない言い方だった」と記憶する。

長面方面に向かった広報車2号車は、釜谷霊園近くで1号車と擦れ違った。「津波が来ているからそっちへ行くな」。1号車の山田さんが伝えた。2号車の武山泰徳さん(60)が海側に顔を向けると、松林を越える波しぶきが見えた。慌ててUターンし、1号車の後を追った。大川小前の県道からは、せり出した山に隠れて松林を越える津波は見えない。釜谷地区に入った武山さんは、県道沿いに立つ住民を見つけ、「早く避難して」と呼び掛けた。

市広報車がUターンした地点(数字は号車番号．写真は一般社団法人東北地域づくり協会提供)

午後3時23分ごろに大川小に立ち寄った支所職員佐藤圭一さん(59)と佐藤幸徳さん(57)の広報車3号車も長面方面に向かった。津波を見て引き返してきた1号車と大川小から東に約３００メートル離れた大川郵便局近くで擦れ違った。1号車側が気づかず、3号車はそのまま沿岸部に向かった。「これ以上行ったら危ない。とりあえず戻れ」。釜谷霊園付近で、長面方面から車で逃げてきた住民に注意され、Uターンした。

幸徳さんは戻る途中、北上川に並行する富士川の堤防（標高3・1メートル）より高い位置にある船を目撃した。上流へと流されていく。圭一さんは「少し高いから」と、北上川右岸の堤防道路（三角地帯、標高6〜7メートル）に向けアクセルを踏んだ。「自分が逃げなきゃ、という頭しかなかった」と話す。

津波襲来までの十数分の間に市の広報車計3台が大川小の前を行き来した。1、2、3号車の順に通過し、同じ順で戻ってきた。拡声器を搭載して使えたのは1号車だけだった。釜谷の中心部に入った1号車は、時速を40キロ程度に落とした。「高台という文言を入れて呼び掛けろ」「緊迫感を出して大きく話せ」。山田さんは助手席の菅原さんに指示した。午後3時25〜30分ごろのやりとりだった。

大川小付近に差し掛かると、釜谷地区の男性区長が校門に向かって歩道を走っていた。表情から緊迫感が伝わる。山田さんは運転席から「すぐに逃げるように」と告げた。

「津波が来ているからすぐに避難してください」。菅原さんの大きな声が、拡声器を通し釜谷地区に繰り返し響いた。

空のバス

海岸沿いの松林（松原）を越えてきた津波を目撃し、Uターンした石巻市河北総合支所の広報車3台が目指したのは、北上川右岸の堤防道路（三角地帯）だった。標高6〜7メートル。大川小の校庭より5〜6メートル高い。広報車3台は3月11日午後3時30分ごろまでに三角地帯に着いた。沿岸部に向かう車を制止するとともに、1号車の拡声器を通して釜谷地区に繰り返し避難を呼び掛けた。

1号車を運転していた山田英一さんは「小学校には呼び掛けが伝わっていると確信していた。釜谷全体に聞こえればと思った」と話す。2号車の及川利信さんは「教職員が誘導し避難させているかなという感じで、(児童が下校しているか)考える余裕がなかった」と振り返る。Uターン後、3台は大川小には立ち寄らなかった。津波から逃げるので精いっぱいだったとみられる。教職員11人と児童約80人がまだ学校にいた。

山あいの入釜谷地区に住んでいた女性(45)は午後3時25分ごろ、当時4年の長女(17、高校2年)を車で迎えに来た。校庭に入ると、すぐに担任の男性教諭と目が合った。担任は「お母さん来てるよ」と長女に声を掛けた。「引き渡しのチェックをしている時間もないので、いいよ、帰って」。教員たちの焦りがうかがえる。

助手席に座った長女は運転席の母親に顔を伏せ「早く帰りたい。怖いから帰りたい」とおびえていた。女性が車を出すと、男子児童の母親が泣きながら校庭へ走って行った。パニック状態だった。他にも校庭へと急ぐ複数の保護者が目撃されている。別の女性保護者は午後3時29分、「小学校にいます」と夫に携帯でメールした。

「センター(釜谷交流会館)を開放します」。午後3時25分前後、地元の女性の声が校庭周辺に響いた。会館は大川小とともに市の津波避難所に指定されていた。外の気温は1度。「お年寄りが寒いから(会館を)開けると聞いた」と児童は記憶する。

大川小のすぐ近くに住んでいた菊地亨さん(86)は外出先で大津波警報を知り、帰宅途中、北上川

新北上大橋周辺に襲来した津波＝2011年3月11日午後3時42分ごろ，石巻市（市提供動画の一場面）

の引き波を見た。「大津波が来る。会館では危ないから山か峠さ走れ。一緒に車に乗るか」。会館に向かう近所の住民に声を掛けたが、「無視して行ってしまった」と悔やむ。

上流の水位計から推算すると、午後3時26分ごろ、津波の第1波が新北上大橋に到達したとされる。この頃、児童たちは校庭の中央付近に集まっていた。列は崩れ、円のような形になった。地面は降雪で少し湿っており、尻をつけずに座ったり立ったり。手を合わせて寒がる様子を住民が目撃している。

午後3時25分前後、菊地さんは、県道で待機していたスクールバスがバックで校門に入っていく様子を見掛けた。男性区長が誘導していた。車内は空だった。富士川につながる近所の水路の升から噴水のように水が上がり、富士川の堤防(標高3・1メートル)からは水があふれてきた。「正直、子どもたちは駄目かもしれないと思った」。不安を抱きながら、菊地さんは約3キロ離れた釜谷峠に向けて車のアクセルを踏んだ。

被災した大川小．児童たちが誘導されたのは，1〜2分で行ける裏山ではなく，三角地帯(右奥)だった＝2018年2月19日

三角地帯行きを教頭らが決断

津波が大川小に迫る。3月11日午後2時46分の地震発生から約45分間。当時、現場のトップだった教頭は、校庭からさらに避難するかどうか決めかねていた。教務主任は少なくとも2度、「山へ逃げますか」と裏山への避難を提案したとされる。1度目は「この揺れの中では駄目だ」と誰かに言われ、2度目は教頭から明確な返事がなかったという。

校庭の防災無線は午後2時52分と午後3時10分の2回、大津波警報の発令を告げた。ラジオや迎えに来た保護者、消防の広報車による避難の呼び掛けが再三あったが、行動には結びつかなかった。

「教頭先生は山へ上がらせてくれと言ったが、区長さんはここまで来るはずがないから、三角地帯に行こうと言っていた」。時刻は不明だが、当時5年の男子児童が市教育委員会の聞き取りに答えている。三角地帯は北上川右岸の堤防道路で校庭より5～6メートル高い。

学校管理下にある子どもの命を誰が守るのか。学校側は最も重要な判断を、「ここまで津波は来ない」と校庭に身を寄せていた地元住民に委ねた可能性が高い。地元釜谷の女性は、学校に隣接する釜谷交流会館前で立ち話をしていた時、校庭周辺に響き渡る大きな声を聞いた。「大きな津波が来て校庭では危ないので、三角地帯に避難します」。午後3時30分ごろ、生死を分ける「学校の最終決断」を知らせたのは地元の女性民生委員とみられる。

女性は普段から教職員に頼られ、読み聞かせ活動などで児童にも身近な存在だった。地震発生後、住民に声を掛け、奔走する姿が多数目撃されている。

校庭でたき火を用意し、長い待機に備えていた教員らが避難行動を開始したのはなぜか。最終決断のきっかけは不明だが、大川小津波訴訟の仙台地裁判決は、広報車の通過をもって学校側が津波を認識したと判断した。

市河北総合支所の広報車1号車は遅くとも午後3時30分ごろまでに「松原(松林)を津波が抜けてきた」と拡声器で呼び掛けながら大川小前を通過した。1号車は三角地帯に到着後も釜谷地区に向け、繰り返し避難を呼び掛けた。直後に着いた2号車の及川利信さんは「あの(音量)レベルなら学校にはっきり届く」と話す。

当時、県道や学校脇の市道は車が行き交い、釜谷交流会館には続々と住民が集まってきた。NHKのAMラジオは午後3時32分、「津波予想高10メートル以上」と伝えた。騒然とする周囲の様子が教員らに避難を促した可能性もある。

教頭は比較的安全に大勢が移動できると考え、三角地帯行きを決めたとみられる。裏山は2003年に斜面の一部が崩れ、工事が実施されていた。大川小出身の男性(20)は「危ないから上がっちゃ駄目だ」と教員に注意された記憶がある。ただ、裏山の傾斜が緩いエリアは、児童が2年前まで毎年、シイタケ栽培の学習でほだ木を持って上っていた。所有者の関係者は「震災前に下草刈りや間伐を実施し、当日は上りやすい状態だった」と話す。

津波が目前に迫る中、児童たちが向かった先は、防災無線が「絶対に近づかないでください」と繰り返していた堤防だった。

児童は駆け足に

「三角地帯へ逃げるから、走らず、列を作っていきましょう」

3月11日午後3時30分すぎ、大川小の教頭らが、校庭に避難していた児童たちに呼び掛けた。「まだ危ない状況ではないと思っていた。移動すんだな、みたいな」。当時5年の只野哲也さんは、まだ切迫した雰囲気は感じなかった。6年担任の男性教諭らを先頭に、児童たちは釜谷交流会館の方向に歩き始めた。当時、学校には教職員11人と児童約80人がいた。

釜谷に住んでいた当時中学1年の木村優斗さん(20、大学2年)は、父親と一緒に当時5年の弟を迎えに来た。地震発生後、北上川の底が見えるくらい水が引いているのを目撃していた。父親は大川小前の県道に車を止め、木村さんが校庭に向かった。友達と話しながら歩く弟を見つけ、連れて行こうとすると、6年の担任に「(名簿に)チェック入れるから待ってて」と引き留められた。「そ

当時の状況

んなのしてる暇ねーがら」。木村さんは無視して弟と走って車に戻った。「津波が来るとは意識してなかったが、本能的な動きだった」と振り返る。

教職員と児童たちは自転車小屋脇の通用口から市道に出た。大人1人程度の幅しかない。市道を挟み、隣接する釜谷交流会館の駐車場に向かった。前方にいた只野さんは「えっ？」と思った。「三角地帯に行くって言うのに、こっちなら山の方が近いんじゃないかな」。疑問が頭の隅をかすめたが、教員の後を追った。

駐車場の出入り口に差し掛かった時、教頭が県道側から市道を走ってきた。「津波が来てるから早く避難して」。大きな声だった。教頭の声をきっかけに児童たちは小走りになった。只野さんも「急がないとやばい」と感じ、駆け足で会館前を横切った。

避難場所を探すため、校舎に入った教務主任はこの頃、校庭に戻り、列を追ったとされる。保護者宛てのファクスで「校庭に戻ると、既に子どもたちは移動を始めていた」と記している。

長面に住んでいた永沼輝昭さんは午後3時30分ごろ、孫2人を迎えに行った妻を会館駐車場で待っていた。友人から「波に追っかけられてきた」と聞き、校庭にいる妻に「早くしろよ」と呼び掛けた。間もなく児童の列に交じって妻が戻ってきた。「山さ逃げっと」。声を掛けたが、妻は「みんなとあっちに行くから」と告げ、永沼さんの目の前を通り過ぎた。

列の最後尾から3〜5メートル離れ、地元の民生委員の女性が児童に声を掛けながら付いて行った。児童の列は山裾の裏道に入り、永沼さんの視界から消えた。

釜谷の元住民高橋和夫さん(70)は自宅近くで、北上川の堤防を越えてあふれ出す水を見た。車で裏山に向かうと、会館前を通過する児童たちの後ろ姿が見えた。「なんで、この時間に何してんだべな。どこさ行くんだべ」。不審に思いつつ、山裾に車を止めた直後、ものすごい音がした。

「バリバリバリ」

「ダダダダァーッ」

「山さ上がれぇ——!」

高橋さんは大声で叫びながら夢中で山に登った。

激　流

「津波が迫ってきました」「逃げてください。逃げてください」

石巻市河北総合支所の広報車1号車の菅原秀幸さんが、拡声器で必死に呼び掛けた。場所は北上川右岸の堤防道路(三角地帯、標高6〜7メートル)。直線で約150メートル先の大川小には、まだ教職員11人と80人近い児童がいた。

津波を目撃し、Uターンした1号車は3月11日午後3時30分ごろまでに三角地帯に到着した。山田英一さんは、2、3号車の職員4人とともに沿岸部に向かわないよう交通誘導に当たった。「雄《お》勝《がっ》方面に逃げて」。内陸部に逃げるよう繰り返し説得したが、車7、8台が制止を振り切り、津波が迫る釜谷方面に行ってしまった。山田さんが三角地帯で車を降りた時、沿岸の長面方面に津波は見えず、北上川の異変にも気付かなかったという。

交通誘導の間、北上川の水かさが増してきた。

2号車の及川利信さんは、水面が盛り上がっている様子を見た。三角地帯は山の急斜面に接しているだけで、津波襲来時に逃げる場所は他にはない。「絶対に津波が来る。ぎりぎりまで誘導して、山に駆け上がろう」。及川さんは覚悟を決めた。

長面や釜谷方面から逃げてくる車や、引き取った大川小の児童を乗せて避難する保護者の車が次々に三角地帯を通り過ぎた。

当時中学1年の木村優斗さんは、当時5年の弟とともに父親の車で学校を出て三角地帯側に向かった。北上川はあふれんばかり。全長約565メートルの新北上大橋に海岸沿いの松林から運ばれてきた流木が引っかかり、漁船が衝突した。「あ、やべえ」。木村さんは身の危険を悟った。

木村さんの車は支所職員に誘導され、雄勝方面に向かった。後方の知人男性が運転する軽トラックはかろうじて無事だったが、後続の2、3台は波にのまれるタイミングだったという。

上流の水位計データに基づく推算値によると、新北上大橋の第1波のピークは午後3時32分ごろ。

濁流が大橋近くの堤防(標高６・９メートル)を一気に越えてきた。北上川から水の塊が並行する富士川に「ドンと落ちた」(山田さん)。そのまま三角地帯めがけ、押し寄せてきた。

「逃げろ！」。山田さんは、１号車の車内にいた菅原さんに向かって叫んだ。慌てて車外に出ようとする菅原さんの姿が見えた。

山田さんたちは、コンクリートで固められた斜面と地肌の境目付近を一気に駆け上がった。３号車の佐藤圭一さんは首まで水に漬かったが、一命を取り留めた。支所職員６人のうち、ぎりぎりまで避難を呼び掛けていた菅原さんだけが犠牲になった。

黒く濁った激流が北上川の両岸に一気に広がる。がれきや流木がぶつかり合う。ごう音が響きわたる。上流にある間垣地区の堤防が約８００メートルに渡って決壊し、集落全体をのみ込んだ。

３号車の佐藤幸徳さんはデジタルカメラを取り出し、眼下に広がる光景を動画に収めた。防災担当として災害記録用にカメラを携帯していた。

「学校大丈夫がや？　学校」

おびえと不安が入り交じった佐藤さんの声が動画に記録されていた。

4　漆黒

あらゆる物体が交じる黒い塊

土煙が上がり、山鳴りのような音が響いた。

大川小の教職員と児童が校庭から徒歩で移動を始めて約1～2分。3月11日午後3時30分を過ぎていた。当時5年の只野哲也さんは、民家に挟まれた細い路地の先頭付近を走っていた。前にいた1年と6年の担任教諭2人をいつの間にか追い越していた。目指す北上川の堤防道路(三角地帯)に通じる県道はすぐ目の前。校庭から移動した距離はわずか180メートルほどだった。

突風が吹く。前方に見えた黒い水が最初は何なのか分からなかった。すさまじい勢いで迫ってくる。

津波だ——。

釜谷地区に立ち並ぶ民家を次々に破壊し、猛威を振るう。コバルトブルーの海や、なぎさに砕ける白波とは違う。大量の土砂や岩、木々、家々の残骸などあらゆる物体が交じる黒い塊だ。

「逃げなきゃ」

振り返った只野さんは、今来た路地を全力で駆け戻った。付近にいた高学年の児童がほぼ同時に

津波襲来から約２時間後の大川小．２階建ての校舎は水没し，体育館は流失した＝2011 年 3 月 11 日午後 5 時 35 分ごろ（石巻市提供）

反転する。幅1メートルほどの道に数十人が密集し、衝突は避けられない。列の後方にいた低学年の児童は、大慌てで戻ってくる上級生の姿に戸惑っていた。腰を抜かし、立ち上がれない子もいた。

誰かを助ける余裕はなかった。「助かりたい」。只野さんは必死だった。

「津波だ」「やべえって」

言葉にしようとしたが、声にならなかった。足音が消えた。飛行機が耳元を通過しているかのようなごう音に包まれ、振動で恐怖が増殖する。

「山だ、山に逃げろ！」

教務主任が叫んだ。列の最後尾から走ってきたとみられる。

助かった男子児童の1人は教務主任の声を聞いて逃げ、山に登ろうと2、3歩足を出した瞬間に津波にのまれた。震災後、同級生にそう話している。

濁流が勢いを増す。子どもたちが「ボンッ」と水の圧力で跳ねられていく。只野さんは真っすぐ斜面を駆け上がった。木々がうっそうと茂り、傾斜がきつい。ほとんど壁だ。雪で足を取られ、地面に指を突っ込む。3～4メートル登り、左を振り向いた。校庭にまだ津波は来ていない。「助かる」。視線を戻した瞬間、全身を強く圧迫された。

一瞬、気を失った。黒い水が運んだ土砂に体が埋まった。気が付いたのは高さ10メートルほどの斜面。登ろうとした場所から10メートル以上流され、上方に5メートル以上押し上げられていた。同級生の男子児童は偶然流れてきた冷蔵庫を舟の代わりにして助かった。只野さんを見つけ、右手で枝をつかみながら骨折した左手で掘り起こした。

2人で少し上がった。見渡す限り濁流が覆い尽くしていた。小学校と診療所だけを残し、生まれ育った町が消えていく。

午後3時36分40秒。

学校で見つかった3台の時計のうち、最初の針が止まった。電気系統が水没した時刻とみられる。他の2台は37分46秒と38分53秒で停止した。

河口から学校までの距離は約3・7キロ。河川堤防を越えた津波と陸上を遡上してきた津波が、ほぼ同時に大川小を襲ったとみられる。海岸到達から10分前後だった。

当時、学校にいて生還したのは児童4人と教務主任のわずか5人。全校児童108人中、74人と教職員10人の未来が失われた。

氷点下1・4度の夜の裏山で

「助けて、助けて」。大川小がある釜谷地区の女性(74)は消え入るような声を聞き、裏山の斜面で頭を抱えていた。津波にのまれ、一命を取り留めたが、濁流が行く手を阻んでいた。2～3メートル先の木に1年の女子児童がつかまり、激流に耐えていた。「つかまれ」。同じ釜谷の高橋和夫さんが胸まで水に漬かり、小さな手を引き寄せた。高橋さんも間一髪助かったばかりだった。

只野哲也さんは、少し離れた裏山の斜面から海と化した北上川一帯をぼうぜんと眺めていた。わずかな時間、夕日が差し、北上川を照らした。只野さんは「三途《さんず》の川みたいだ」と思った。

「誰かいるか」。市河北総合支所の職員が、只野さんと同級生の男子児童を見つけた。堤防道路(三角地帯)側でぎりぎり助かった後、周囲を捜索していた。支所職員が裏山で生存を確認したのは高橋さんら計16人で、小学生は只野さんら3人。教務主任と当時3年の男子児童とは会わなかったという。うめき声を上げていた60代の男性は、夜明け前に息を引き取った。

水が引く気配はなかった。一行は竹やぶの斜面で比較的平たんな場所を探し、たき火を始めた。支所職員が持っていた使い捨てライターが役に立った。スギの葉や古倒木、枯れた竹などを燃やした。

山中で見つけたブルーシートで囲いを作り、降雪と風をしのいだ。ほぼ全員ずぶぬれだった。塩気を含む服は乾きが悪かった。この夜の最低気温は氷点下1・4度。一晩中、毎秒5～7メートルの風が吹いていた。凍った枝がパキパキと音を立てる。只野さんの歯はミシンのようにガガガと

裏山の竹やぶで震災当日の夜について語る只野さん．7 年たつ今も周辺にはたき火の跡が残っている＝2018 年 1 月 20 日，石巻市釜谷

鳴った。

偶然、ビニールに包まれた布団が流れてきた。「少しでも暖を取った方がいい」と促され、児童らが交代でくるまった。

レジ袋に入った菓子も流れ着いた。津波襲来前、民生委員の50代女性が「子どもら、おなか空いてると思うから」と校庭に持ってきたものとみられる。ミカンやパンも漂着した。子どもたちは泣きながら食べた。渇いた喉を雪で潤す。頭からパラパラと砂が落ちてきた。

津波は約1時間おきに真夜中まで押し寄せた。当時の支所職員及川利信さんが記憶する。その度に海鳴りが聞こえ、車などの鉄くずがガチャガチャと音を立てた。

午後7時ごろに押し寄せた津波は、たき火近くまで迫った。一行はさらに上へ移動し、野宿を再開した。

只野さんがかぶっていた通学用のヘルメットは、ひびが入っていた。津波に襲われ、割れたとみられる。地震発生後に校庭を訪れ、いったん自宅に戻ろうとした母しろえさん(当時41)を心配し、渡そうとしたものだ。

「危ないから、かぶってなさい」。母の一言が只野さんを救った。この時の短いやりとりが母と子の最後の会話になった。

只野さんは竹やぶの斜面に寝転がり、ササの切れ間に広がる夜空を眺めていた。星は見えなかった。下の光景は見たくなかった。「みんな死んじゃったの？」。漆黒の闇の中、寂しさと不安が募る。けがで充血した目が痛む。洗う水もない。

大人たちが「寝ると死ぬぞ」と注意したが、子どもたちは深い眠りに就いた。

「これは悪夢か。現実なのか」。たき火に枝や葉をくべながら、及川さんは一晩中考えていた。

コラム

「津波襲来７分前」――地裁判決から読み解く

石巻市大川小をめぐる訴訟で、仙台地裁は２０１６年10月、津波襲来直前の学校の判断が誤りだとして、被告の市と宮城県に損害賠償を命じる判決を下した。司法が津波を予見できたと認めた「襲来７分前」に何があったのか。３月11日の事実関係を基に教職員の行動と過失を検討する。

地裁が最も重視したのは、遅くとも午後3時30分ごろまでに市河北総合支所の広報車が大川小前の県道を通過し、津波の襲来と高台避難を呼び掛けた事実だ。沿岸の松林を抜ける津波を目撃した支所職員は、学校から直線距離で約150メートル先にある北上川の堤防道路(三角地帯)に車を止め、その後も拡声器で避難を呼び掛け続けた。

支所職員だった山田英一さんは「大声を出せ」と同僚に指示。法廷で「広報した内容は学校に伝わっていると思った」と証言した。男性教務主任が保護者に宛てたファクスには「津波が来るという声がどこから(か)聞こえてきました」と記されており、学校の認識を決定づけるとともに原告勝訴の支えとなった。

地裁判決は刻々と増す「危険の現実味」に着目した。ラジオは石巻市沿岸を含む各地を襲う津波の状況を繰り返し伝え、「学校は過去より格段に大きい規模だと分かっていた」と指摘。広報車が呼び掛けた時点をもって「児童の命に現実の危険が迫っていると認識した」と判断した。

教職員は児童を約40分間校庭に待機させたが、ハザードマップで津波襲来が想定外だったことなどを理由に、午後3時30分より前の行動は妥当とした。

学校の時計3台は午後3時36、37、38分でそれぞれ止まっていた。地裁は平均を採り、「37分」に津波が襲来したと認定。教職員と児童は午後3時35分までに三角地帯へ歩いて移動を始

判決が「避難させるべきだった」とした裏山．津波到達地点を示す看板までの距離は150メートル弱で，緩やかな傾斜が続く＝石巻市釜谷

め、途中で津波に襲われた。判決は「7分間の時間的余裕があった。大規模な津波襲来を認識したにもかかわらず、次の逃げ場がない三角地帯に向かった」として、最終局面の判断を教職員の過失とした。

大川小には小走りで1分程度の所に裏山があり、児童たちは学習で何度も上っていた。現地視察した裁判官3人は実際に斜面を上り、「避難場所として支障はなかった」と結論づけた。被告側は、裏山は震災当日、降雪で滑りやすく、余震で崩壊する恐れもあったと主張した。地裁は「多少の混乱をいとわずに児童らをせかし、小走りで移動させてでも早期避難を最優先にすべきだった」と指摘。児童の命を最優先にする姿勢を強調し、教職員に最善の判断と行動を求めた。

校庭には区長や民生委員、高齢者も避難し、避難場所を教頭と協議していたとされる。判決は「教員は児童の安全を最優先に考え、自らの判断で避難を決断すべきだった」とした。教職員は地震発生直後から「裏山」を選択肢に挙げつつ、避難先に選ぶことはなかった。（1）なぜ行動が遅れたのか、（2）最終的に誰がどのように移動先を決めたのか――など、今も未解明の部分は多い。

コラム

上に、上に――当時中学1年の男性の証言

東日本大震災で大川小は児童・教職員計84人が津波の犠牲となったが、周辺ではかろうじて助かった地域住民もいる。当時大川中1年だった男性(20)は大川小の裏山に避難する途中で大津波にのまれながら、奇跡的に一命を取り留めた。当時の生々しい体験を語った。

3月11日は中学校の卒業式で、学校は午前中で終わった。午後から大川小がある釜谷地区の友人宅2階でゲームで遊んでいた。午後2時46分、突然、激しい揺れに見舞われた。揺れが収

まってから県道に出ると、電柱が折れそうな勢いで揺れていた。隣家の塀は崩れ落ち、原形をとどめていなかった。「何が起きたの」。近所の人が顔を見合わせていた。

近くにある自宅に帰ると、食器棚が倒れ、部屋は物が散乱していた。余震が続き、いったん収まってはまた大きく揺れた。

「津波が来る、逃げろ！」。地震発生から約40分が過ぎた頃、一緒にいた父が発した。避難する住民の車が猛スピードで自宅前を通過していった。

自宅から最も近い高台が大川小の裏山だった。小学校時代、シイタケ栽培の学習で利用し、虫捕りをした場所だ。裏山を目指し、駆け出した。両親は高齢の祖父に付き添い、やや後方を追い掛けてきた。田んぼ道と公園を通り、最短経路で向かった。

裏山の約20メートル手前で急に体が持ち上げられた。まぶたの隙間から真っ黒い液体が見えた。

「これが津波か」

気付いた時には全身が水の中だった。背丈を優に越える津波が押し寄せたようだ。上に、上にと、水中で40秒はもがいたか。斜面に打ち付けられ、首から上が水面に出た。塩辛く、泥のようなざらついた感じが舌に残る。津波を飲んでいた。

がれきがぶつかった頭と腕が痛む。目がひりひりしたが、そっと開けた。濁流が視界を埋め尽くし、家族は見つけられなかった。

裏山から望む大川小．男性はコンクリートたたきを歩き，他の避難者と裏山で一夜を明かした＝石巻市釜谷

震災の1年前、大川小を卒業した。全校児童は約100人。休日は校庭でエアガン戦争に興じ、所属する野球チームの部室に石を投げ、窓ガラスを割ってしまったこともある。やんちゃで楽しい思い出ばかりだ。震災当時、6年担任だった男性教諭は5年の担任だ。ちょっと説教が長いが、悪いことをしたらしっかり叱ってくれる先生だった。スポーツのクラブ活動で仲良くなり、熱血で好きだった。

小学校時代、避難訓練はいつも校庭まで。津波について学んだ記憶はない。誰も津波が来るとは思わず、とりあえず校庭に逃げれば大丈夫と考えていたのだと思う。教職員や児童が最後に向かった場所は、北上川近くの堤防道路(三角地帯)だったと聞いた。児童全員を連れて行くには、裏山は危険だと考えたのだろうか。

コラム　最短ルートと誤解か

大川小の避難ルートについて、教職員が北上川の堤防道路(三角地帯)への最短ルートと誤解し、行き止まりを知らずに裏道を進んだ可能性が高いことが、河北新報社の検証で分かった。児童の足取りをめぐっては「なぜ、津波に向かって進んだのか」「なぜ、県道に直接出ず、遠回りしたのか」などが、長い間謎だった。

2011年3月11日午後2時46分の地震発生後、教職員と児童は約45分間、校庭にとどまり、津波襲来の約1分前までに校庭を徒歩で出発した(口絵参照)。証言によると、その後、釜谷交流会館の駐車場を横切っている際に県道から戻ってきた教頭が「津波が来ているから急いで」と呼び掛け、児童の一部は途中で右折し、民家の間を通って県道に出ようとした。

先頭付近にいた当時5年の只野哲也さんは県道に出る直前、津波に気付いて引き返し、裏山を約3メートル登った辺りで波にのまれた。只野さんらは「行き止まり」を避け、右折するルートを選んだ。行き止まり付近では児童34人の遺体が見つかった。

地元住民によると、裏道は1976年12月に新北上大橋が開通するまで、軽トラックが通れる道幅があった。開通後も幅1メートル弱の小道は残り、近所の住民が生活道として利用していたが、震災前にはツタや雑草がうっそうと生い茂り、行き止まり状態だった。地元の女性は「無理をすれば通れたが、子どもを大勢連れて通る道ではない」と話す。

三角地帯は学校より5～6メートルほど高い。教頭は地元住民と相談し、三角地帯行きを決めた。住民のアドバイスなどを基に、土地勘のない教職員が裏道を先導した可能性があるほか、「交通量が多い県道を避けた」との見方もある。

大川小は07年度に危機管理マニュアルを改訂し、「津波」の文言を初めて盛り込んだ。10年度の改訂でも校庭からの避難場所については「近隣の空き地・公園等」を踏襲し、具体的な場所を指定しなかった。仮に三角地帯にたどり着けたとしても、付近は高さ2～3メートルの津波に襲われた。マニュアルの不備に加え、震災当日の（1）避難先、（2）避難ルート、（3）出発時刻――など二重三重の判断ミスが重なり、「大川小の悲劇」につながったと言える。

5 地獄

ここでは、過酷を極めた遺体捜索の現場と、行方不明の児童を待つ遺族の終わらない苦悩の日々を追う。

惨状

漆黒の夜が明けた。

児童が目指した北上川の堤防道路（三角地帯）にうずたかく積み上がったがれきに、女の子が引っ掛かっていた。ランドセルを背負い、頭にはヘルメット。いつもと変わらぬ登下校の身なり。だが、動かない。別の場所でもがれきの山の隙間から、小さな手や足がいくつも見えた。

２０１１年３月12日朝、６年の三男雄樹君（当時12）の父佐藤和隆さん（51）は別の保護者と２人で三角地帯に立った。大川小がある釜谷地区を見渡せる。流木や土砂、家の残骸が視界を埋め尽くす。残った建造物は大川小と釜谷診療所だけ。ともに鉄筋コンクリート製の堅牢《けんろう》な建物だ。２００以上、軒を連ねていた釜谷の町並みは一晩にして消えた。

「大川小学校、孤立」「児童ら２００人が校舎２階に避難」

前夜、ラジオなどで流れたとされる情報が頭を駆けめぐる。大川小は2階までがれきに埋もれ、教室には流木が突き刺さっていた。見るに堪えないこの光景のどこに200人がいるのか。

「雄樹！」「誰かいないか！」

雄樹なら山に逃げたはずだ。佐藤さんは息子の名前を叫びながら大川小の裏山に登った。返事はなかった。山を下りると、石巻市河北総合支所の職員に会った。「子どもたちは？」。職員は首を横に振った。

6年の長男大輔君の母今野ひとみさん(47)は同日午前、学校から約1・5キロ山側の入釜谷生活センターで5年の男子児童に会った。津波にのまれて助かったという。大けがをしている。

「大輔、分からない？」「一緒に流された。大ちゃんは浮いていた」

今野さんは初めて事態の深刻さを悟った。

北上川の堤防が約800メートルにわたって決壊し、大量のがれきが行く手を阻む。保護者の多くは12日も大川小にたどり着けずにいた。わが子の無事を案じながら自宅や避難所、車中で過ごしていた。

「先生たちと一緒だから大丈夫」「きっと、裏山に逃げている」「寒いだろうな」「おなかすいただろうな」

後に学校管理下で戦後最悪とされる事故が起きていたことを、誰一人想像もしていなかった。

12日朝、明るいニュースが飛び込んできた。

「子どもたちが自衛隊のヘリで運ばれてくる」

父親たちが学校から約5キロ上流の福地《ふくじ》地区の堤防に即席のヘリポートを造った。母親たちは豚汁やおにぎりを用意し、子どもたちの帰りを待った。

上空をヘリが飛び交う。そのたびに空を見上げ、期待が膨らむ。何時間も待ったが、ヘリは来なかった。

津波にのまれながら奇跡的に助かった5年の只野哲也さんは12日朝、大人たちと野宿した裏山を下りた。田んぼや道端に遺体がごろごろ転がっていた。目はけがで充血し、視界はぼやけていたが、嫌でも入ってくる。空を覆い尽くした雲は消えていた。「こんな日に晴れじゃなくていいのに」。春を思わせる日差しが恨めしかった。

身を寄せた知人宅で若い女性が泣き崩れていた。津波にのまれた際、胸に抱いていた赤ん坊を波にさらわれたという。

「地獄だ」

只野さんは思った。

捜　索

原爆でも落ちたのか？　これは現実なのか？

鈴木義明さん(56)は3月13日朝、石巻市の釜谷地区を見渡せる北上川の堤防道路(三角地帯)にたどり着き、言葉を失った。足元に遺体が転がっている。見慣れた釜谷の町並みは、大川小と釜谷診療所を除き、何もかも破壊されていた。目に映る光景に脳がうまく対応できない。

震災から2日間、大川小に通う6年の長男堅登《けんと》君(当時12)、4年の長女巴那《はな》さん(当時9)と会えずにいた。情報がなく、いら立ちはピークに達していた。

「お父さん、津波の時は山か校舎の2階に避難するように言っていますから、安心してください」

休暇で学校を離れていた当時の校長柏葉照幸氏が震災当日の夜、避難所で自信ありげに話していた。目の前の惨状に、むなしい響きにすらならない。

体格のいい男の子の遺体が見つかった。「おらいの堅登か?」。顔中、血だらけの無残な姿。息子ではなかったが、涙が出た。約11キロ離れた避難所に戻り、妻実穂さん(49)や他の保護者に伝えた。

「大川小は全滅だ」

望みは捨てた。義明さん、実穂さん夫妻は14日から遺体捜索に加わった。スコップやつるはしはなく、素手や木の枝で土砂を掘り返した。重機もなく、大きな流木や建物の壁は人力でよけた。

大川小の裏山の麓で児童の遺体が次々に見つかった。行方不明4人を除き、犠牲となった児童70人中、ここでは34人が折り重なるようにして息を引き取っていた。津波襲来時、三角地帯を目指していた児童らが移動中に追い込まれた場所だと、後で知った。ちょうど校庭と三角地帯の中間地点。ただ、その先に大勢の児童が通れる道はなかった。

震災の関連死や行方不明を除く死者約1万6000人の死因は、9割が「溺死」。大川小児童も大半が溺死だ。児童の遺体発見状況から「半数程度は圧死や損傷死、あるいは凍死だった」と考える遺族は少なくない。

住民が衣装ケースに汲んだ井戸水で、遺体の顔の汚れを拭き取ってくれた。「あそこの息子に似てねえかや」。3世代同居が多く、つながりが強い地域だけに誰かが顔や名前を知っていた。「うちの娘だ」「おらいの孫だっちゃ…」。子や孫を自らの手で見つける人も少なくなかった。

夕方、その日の捜索を終え、遺体をトラックに積み込んだ。目立った外傷もなく、眠っているような顔。泥と血にまみれ、性別も分からないほどむくんだ顔。感情を押し殺し、黙々と運んだ。

震災8日後の19日、堅登君が見つかった。大川小から500メートルほど山側に入った富士川沿い。遺体安置所で対面した姿は、すぐに息子と分かるほど、きれいな顔だった。上半身は裸。ジーパンは腰で止まっていた。目、鼻、口、耳、毛穴、全てに砂が詰まっていた。小さな木片が体中に刺さっていた堅登君に、鈴木さん夫妻は「頑張ったね」と声を掛けた。

三角地帯に並べられた泥だらけのランドセルや学用品＝2011年3月29日，石巻市釜谷（写真の一部を加工しています）

見つかったとき、電線が体に巻き付いていたという。実穂さんは「電線がなかったら、もっと流されていたかもしれない」と話す。
今も巴那さんが見つからないとは、当時は思いも寄らなかった。

思い出の道を

鈴木義明さん、実穂さん夫妻は3月27日、息子の亡きがらを車に乗せ、新庄市に向かった。長男堅登君を火葬に付すためだ。

東日本大震災で約1万8500人が死亡・行方不明となり、石巻市内だけで約3700人が犠牲となった。近隣の火葬場は常にいっぱい。多くの遺族が遠く県外まで足を延ばした。

家族旅行で何度も通った国道47号を山形へと向かう。行く先々で子どもたちとの思い出が浮かび、景色が涙でにじむ。中山峠を越えると雪が舞っていた。19日に見つかった堅登君は幸いきれいな顔だったが、日を追うごとに暗い紫色に変わっていった。腐敗を防ぐドライアイスがなかなか手に入らない。保護者同士で分け合うと、小石程度しか残らなかった。

連日、遺体捜索に参加し、ようやく再会できた息子。ずっとそばに置きたい。変わり果てていく姿を見ていられない。振り子のように心が揺れる。

「早く骨にしてあげたい。堅登、ごめんね」

実穂さんは普段着、義明さんは仕事用の作業着で火葬場に向かった。沿岸部にある長面地区の自宅が津波で流失し、二人ともあの日から着の身着のまま。車は知人から借り、花や供物は親類が用意してくれた。

堅登君は仙台市の東北学院中に合格した。袖を通すはずだった制服をひつぎに入れた。学生服姿に合成した遺影を持参した。骨は大人と変わらないほど太かった。こんな形で息子の成長を感じる現実が、やるせなかった。

参列した実穂さんの父小山吉郎さん(81)、母京子さん(78)の落胆ぶりは、鈴木さん夫妻が心配するほどだった。吉郎さんは帰りの車中、孫の遺骨を抱きしめ、ずっと話し掛けていた。長く、重苦しい一日が終わった。夜、市河北総合センター「ビッグバン」の避難所に戻ると、義明さんは自身に異変を感じた。天井がぐるぐる回っていた。

義明さんの母好子さん(72)は、21日に遺体で見つかった。4年だった長女巴那さんの捜索のため、一時的に土葬にせざるを得なかった。「巴那もすぐ見つかると思っていた」と実穂さん。火葬場が空き次第予約し、別の遺族に譲る繰り返しだった。

毎日午前5時半に起きる。冷水で顔を洗うたび、涙が出る。子どもたちをのみ込んだ波の冷たさを思う。7時に集合し、トラックの荷台に乗せてもらう。夕方まで捜し、トラックで帰路に就く。遺体安置所の閉館間際に駆け込み、新たに運ばれた遺体の確認も日課になった。避難所に戻り、午後9時に消灯。狂いそうな日々を規則正しく繰り返した。

義明さんも実穂さんもふわふわと地に足が付かない。悪夢の中をさまよっている感覚のまま、時間に押し流されていく。頭が現実に追いついたのは、1カ月ほどたってからだ。

何で家に帰れないんだろう。家がない。お金がない。着るものがない。仕事にも行っていない——。

子どもを失い、これからどうやって生きる？

堅登と巴那は、なぜ、こんなことになったのか？

学校は子どもたちを守ってくれなかったのか？

大川小であの日、何があったのか？

——絶望の淵から水泡のように疑問が次々と浮かび上がってきた。

長女巴那さんを捜す実穂さん(右)と母小山京子さん．今も見つかっていない＝2011 年 5 月 21 日，石巻市釜谷

骨になる前に

「見つかって良かったね」「早く見つかるといいね」

わが子の亡きがらに会えたことを喜ぶ。巨大津波の爪痕を前に、遺族は「わが子を見つけ出し、手厚く葬る」ことにせめてもの慰めを見いだしていた。

東日本大震災から1カ月、大川小の児童10人の行方がまだ分からなかった。鈴木義明さん、実穂さんの長女巴那さんもその1人だった。

約1万8500人の死者・行方不明者のうち、小中学生は計351人。8割は学校以外で亡くなった。学校による避難行動中の犠牲は、大川小の児童73人と宮城県南三陸町戸倉中の生徒1人の計74人。教師の管理下で多数の犠牲を出した大川小は突出していた。

震災当日、休暇で学校にいなかった柏葉照幸校長は、震災６日後の３月17日、初めて現場に姿を現した。泥まみれで捜索する遺族を横目に職員室の金庫を捜していた。

震災約１カ月後の４月９日、石巻市教委が初めて説明会を開いた。「どうして早く来なかった？見つかっていない子ども、死んだ子ども、名前言える？」。遺族の激しい怒りを受け、市教委は翌日、柏葉氏ら８人を捜索に行かせた。

遺族はわが子の捜索、ドライアイスの確保、火葬の手配に無我夢中だった。そんな遺族を打ちのめしたのが、市のトップによる心ない一言だった。６月４日の第２回説明会で、亀山紘市長は「自然災害の宿命」と述べた。「あの一言がなければ裁判にならなかった」と話す遺族は少なくない。

６月、空席だった教育長に境直彦氏が就き、全遺族宅を弔問する考えを示した。鈴木さん夫妻は慌てて仮設住宅に長男堅登君の位牌《いはい》と仏具を用意した。半年たっても来ない。聞くと、「まだ巴那さんが亡くなったと思っていない」と言われた。息子は亡くなった。遺族の中で序列を付けられたようで、テレビの取材に不満をぶつけた。放映直後の12月末、教育長が弔問に来た。

震災直後、南三陸町などでは遺体捜索に水中ロボットが活用されていた。市教委に要請すると、「多額の予算がかかる」と明細を示された。採用されたのは簡易的な水中カメラだった。捜索に消極的な姿勢に危機感を抱き、９月に市役所を訪れ、捜索継続を文書で求めた。「娘が見つかってさえいれば…」。娘のために我慢して頭を下げた。

発見される遺体の状況は日に日に悪化していった。頭や手や足がない。長く水に漬かった遺体はろう人形のようだった。暖かくなり、遺体安置所は強烈な臭いが充満していた。

不明児童は4人に減り、同時に捜索に参加する遺族も1人、また1人と減った。わらにもすがる思いで占い師や霊能者を頼ると、「娘は命を落とした直後にバラバラになった」と言われた。ショックだったが、捜索をやめる理由にはならなかった。

「せめて、骨だけになる前に、少しでも肉片が付いているうちに見つけてあげたい」。炎天下の砂浜、氷が張った川面。震災から丸2年、鈴木さん夫妻は現場に通い続けた。

ご飯とみそ汁、おかず2品

仏壇に毎朝、ご飯とみそ汁、おかず2品を供える。津波にのまれ、冷たい水をたくさん飲んでしまったわが子を思い、夏でも温かい飲み物を添える。鈴木義明さん、実穂さん夫妻が15年5月、東松島市に再建した自宅での日課となった。長男の堅登君を亡くし、4年の長女巴那さんは今も行方が分からない。

震災から2年間、石巻市の仮設住宅から連日、巴那さんの捜索に通い、生活再建は後回しだった。気付けば周囲は再建への歩みを進め、焦燥感に駆られた。実穂さんは捜索に専念するため、仕事を辞めた。夫婦ともども一人っ子。年老いたら誰がみとってくれるのか。先祖代々の墓を誰が守ってくれるのか。不安が頭から離れない。

石巻市長面生まれの義明さんは5歳の時に父を亡くした。父との思い出はほとんど記憶にない。津波の犠牲となった母好子さんと苦労を重ね、ようやく人並みの幸せを手にした。「不幸な人は死ぬまで不幸」と義明さん。家族3人と自宅を一瞬で奪われ、諦めの感情が胸を支配する。

学校管理下にあった子どもたちの命がなぜ守られなかったのか。14年3月、悩んだ末、大川小事故をめぐる訴訟に参加した。石巻市教育委員会の事後対応への怒りもあった。行方不明の娘の無念さを代弁せずにはいられなかった。

実穂さんは「私たちには語り継ぐ未来がない」と言い切る。ただ、学校管理下で子どもを亡くした親が泣き寝入りしないで済む判決を勝ち取ることが、せめてもの救いと感じている。実穂さんはこれまで3度、法廷で意見陳述した。わが子に背中を押されているような気がして、不思議と緊張しなかった。

18年3月22日は、巴那さんの17回目の誕生日だった。実穂さんはプレゼントに香水を選んだ。写真の中の娘はランドセルを背にほほ笑んだまま。「もう高校生だから…。想像もつかないけど」

物おじせず、負けず嫌いな娘だった。「津波が来ても泳ぎ切ってやる」。生前、こう話していた娘は、もしかしたら本当にハワイ辺りまで泳ぎ着き、誰かに育てられているんじゃないか——。義明さんの空想は、いつもため息で終わる。

堅登君は震災翌月、私立中学に進むはずだった。放射線技師になるのが夢だった。来年は成人式。どんな大人に成長していただろう。確かめるすべはない。

義明さんは、いまだに昔の家族写真を見ることができない。実穂さんは、震災前の記憶を深くたどれないでいる。思い出に深入りし過ぎて、二度と現実に向き合えなくなりそうで怖い。

「7年たってもこれか、と思うけど…。一生こうやって生きていくのかな」と実穂さん。義明さんは「時間が解決するなんてうそ。思いだけ取り残され、時間だけが勝手に進んでいる」と話す。

母子手帳も、子ども2人のへその緒も津波で流された。帝王切開の傷跡だけが、堅登君と巴那さんがこの世に生を受けた唯一の証しになった。

娘と再会　願いかなわず

不明児童4人のうち、2年生だった女子児童(当時8)の父親が2017年夏に他界した。63歳だった。津波は妻(当時46)も奪った。空き家となった男性宅には親子3人の遺影が並んでいる。

7年前の3月11日、男性は一人娘を引き取るため、妻と車で大川小に向かった。時間帯は不明だが、校庭では児童と教職員が待機を続けていた。男性は妻と娘を校庭に残して自宅に戻った。親戚の男性(73)によると、娘が「もう少し遊んでる」とせがんだため、置いてきたという。男性が校庭を去った後、巨大津波が大川小を襲った。

大川小から約1・5キロ山側の入釜谷地区にある男性宅は無事だった。津波襲来後、親戚が「学校さ迎えに行かなかったのか」と聞くと、男性は「行がねえんだ(行かなかった)」と言葉を濁した。停電で暗闇となった集落で、男性は妻子が帰ってくるはずの道を車のヘッドライトで夜通し照らし続けた。

地震直後、男性が大川小を訪れていたことを周囲に明かしたのは、しばらくたってからのことだ。

大川小周辺では翌12日以降、児童らの遺体が次々と見つかった。ある日、女の子の遺体があった。損傷が激しい。体に貼られたガムテープに娘の名前があった。発見者が特徴から推測して書いたようだ。「これ、おめえんとこの娘だべっちゃ」。声を掛けられた男性は「何か違う。おらいの娘でね過ぎた。

えみてえだ。髪の毛が違う」と話した。妻は遺体で発見されたが、娘だけが見つからないまま時が

男性は建築関係の仕事をしながら娘を捜し続けた。親戚の男性は「随分頑張って捜しに行ってた。余計なことは話さなかった」と振り返る。周囲との交流は少なかったが、別の児童遺族が捜索状況を電話で伝えると、男性は真剣に聞いていたという。

男性は17年春、自宅で倒れ、石巻市内の病院に入院した。介護施設への入所を控えていた8月22日、息を引き取った。40代後半になって授かった一人娘を大変かわいがっていたという。

近くの親戚の案内で男性宅を訪れると、主を失った家はひときわ底冷えがした。娘の成長記録が黒いフェルトペンで柱に記されていた。

石巻市大川小では，津波により全校児童108人のうち74人，児童を保護していた教職員10人が犠牲になった．地震発生後，北上川河口から約3.7キロ離れた大川小に巨大津波が到達するまで約50分あった．その間，何があったのか．当時の児童，保護者らの証言などから事故の輪郭がほぼ明らかになる一方，逃げ遅れた理由や避難先の選定，避難ルートなど今なお解明できていない部分は多い．

地震　石巻市で震度6弱

教務主任「山さ行け．山さ行け」

・スクールバスが学校前の県道で待機

教頭ら教職員が話し合い．教務主任「どうしますか．山へ逃げますか」と聞くが，誰かから「この揺れの中では駄目だ」

住民も加わり避難場所を協議．「山へ逃げた方がいい」「学校にいた方が安全だ」

・地域住民が学校に集まり始める

住民が高齢者に「ここ(校庭)にいれば安心だから，ここで待っていて」

・14:55～15:00ごろ
市河北総合支所の広報車3台が沿岸部に向けて順次出発

休暇で不在の校長柏葉照幸氏「学校に携帯で何度も連絡を入れたが，通じなかった」

6年男子児童と担任が言い合い．担任「いいから座ってろ」

児童「男子が『俺たち大丈夫なんですか』と言っていた」

・数分おきに余震が続く

釜谷の男性「津波だっつどう．なんぼでも高い所に上れ」

・幼稚園バスが大川小に立ち寄り，尾崎の橋が渡れないことを伝える

民生委員の女性「津波来っから，早く逃げらい」

スクールバス運転手に同僚が無線で「自分の判断で逃げろ」

・毛布やブルーシートを持ってきたり，使い捨てカイロを配ったりする住民

保護者がスクールバス運転手と会話．「子どもは帰してくれるの」「待機だね．親の判断で(引き取り)した方がいいよ」

あの日50分間に何が

2011年3月11日

14:46

三陸沖でM 9.0巨大

教職員「机の下に入れ」「大丈夫，しっかり，落ち着いて」

• 震度4以上が約160秒間続く

14:50

【14:50】気象庁が大津波警報発令．宮城県の到達予想時刻は午後3時，予想される高さは6メートル

• 校庭に移動．学年ごとに整列して点呼．校庭や学校付近にいた児童103人，教職員11人が待機

女子児童，教員のやり取りに「ただ事じゃないと思った」

【14:51】NHKがテレビ，ラジオで大津波警報発令を伝える「宮城県は午後3時，予想の高さは6メートル」

• 具合が悪くなったり，泣いたりする児童も

「大丈夫かな」「帰れるかな」

• 教職員が校舎内や体育館を確認

【14:52】校庭の防災無線が1回目の広報．サイレンを鳴らし「ただ今，宮城県沿岸に大津波警報が発令されました．海岸付近や河川の堤防などには絶対近づかないでください」

保護者「余震もすごいし，ここにいた方が安全かな」

6年担任，「立っている人は危ないからしゃがめ」「迎えに来た人は帰っていいよ」

15:00

【15:02】NHKラジオ「石巻市鮎川で午後2時52分，50センチの津波を観測」

男子児童ら「津波，やばいんじゃないの」「高い所に行った方がいいんじゃないか」
女子児童ら「津波だってよ」「どうする」「もしかしたら死ぬんじゃないか」

• 教務主任，児童の上着を取りに校舎内に入ったり，トイレに付き添ったりする

• 保護者への児童引き渡し．当初は6年担任の男性教諭が中心．最終的に27人が保護者らに引き渡される

中学生「先生たちは大変そうだった」

保護者「早く山に逃げて」
6年担任「落ち着いてください」

【時刻不明】 1年女子児童「山へ登るの」
担任「登れないんだよ．危ないから駄目なんだ」

15:10

【15:10】防災無線が大津波警報の2回目の広報．サイレンは鳴らさず，チャイムを鳴らし，1回目と同じ内容を広報

防災無線を聞いた女子児童「ここは海沿いになるの？」

母親同士「30分に津波来るんだってよ」「あと20分しかないじゃん」

・最大十数人の住民が集まる

【時刻不明】 スクールバス運転手，無線で「学校の指示が出ないので勝手なことはできない」

教頭が住民に「裏の山は崩れるんですか」「子どもたちを登らせたいんだけど…」「無理がありますか」と聞いて回る

・**15:16** 石巻消防本部が無線「津波の高さは10メートル．津波警戒隊はすぐ高台に避難せよ」

・海や川で引き波が目撃される

・雪やみぞれが降る

教務主任「サイレンが鳴って，津波が来るという声がどこから(か)聞こえてきました」

区長？が消防署員？に「どこさ逃げればいいんだ」と聞く

・地域住民の多くは釜谷交流会館や自宅へ．交流会館に高齢者を連れて行く住民も

・**15:23** 北上川対岸で高さ30〜40センチの第1波目撃される

教務主任が教頭に「津波が来ますよ．危なくても山へ逃げますか」と尋ねたが明確な返答なし

・**15:23ごろ** 市河北総合支所の広報車1台が大川小に立ち寄る．体育館への避難受け入れが可能かを打診

地元民生委員の女性「センター(釜谷交流会館)を開放します」

・市広報車，松原を越える津波を目撃し引き返す

【時刻不明】
教頭「山に上がらせてくれ」
区長「ここまで来るはずがないから，三角地帯に行こう」

・**15:26** 消防無線「緊急，緊急，津波第1波が襲来中」

・スクールバスが県道沿いの正門から学校敷地内に入る

・市職員，区長に避難呼び掛け

教頭ら，三角地帯への避難を決定

・市職員が三角地帯で避難誘導

・富士川の堤防から水があふれる様子が目撃される

・新北上大橋に大量の流木などが引っ掛かり、北上川がせき止められる

教頭「津波が来てるから早く避難して」児童と教職員，交流会館前から走り出す

・北上川の堤防越流，市職員は斜面に避難

74人，教職員10人が死亡・行方不明

【注】証言は関係者の記憶や前後の事実関係，記録などを基におおよその時間帯に時系列で配置．時間帯が分からないものは【時刻不明】と表記した．

15:20

【15:14】気象庁が予想される津波の高さを「6メートル」から「10メートル」に引き上げ．テレビ画面の表示のみで，テレビ・ラジオの音声は伝えず

女子児童「ラジオから津波警報と聞こえた」

6年担任「しばらく校庭にいた方が安全です」

• 徐々に列が崩れ，友達同士の輪になる．余震が怖くて友達同士抱き合う子，手をつなぐ子

保護者「10メートルの津波が来る」

男子児童ら「大丈夫っしょ」「死にはしない」

引き渡し続く．「先帰っから，またねー」「じゃあねー」

【15:15～20ごろ】河北消防署の広報車が大川小前を通過．サイレンを鳴らし「大津波警報が発令されています．避難してください」との内容を広報

男子児童ら「家のゲーム大丈夫かな」「明日遊べるかな」

【15:21】AMラジオが宮城県女川町への津波到達を伝える．FMラジオが予想される津波高を「10メートル」と伝える

• 児童引き渡しに複数の教員が関わる
• 教職員がたき火の準備始める
• 石巻市の15時20分の気温は0.9度

• 教務主任，避難先を捜すため校舎2階に入る

【15:25～30ごろ】市広報車が釜谷を通過．「松原を津波が抜けてきました」「高台に避難してください」と繰り返し呼び掛け

4年担任，迎えが来た児童に「チェックしてる暇ないから，いいよ，帰って」

• **15:29** 保護者が夫にメール「小学校にいます」

15:30

教頭か6年担任「三角地帯へ逃げるので，走らず列をつくっていきましょう」

民生委員の女性「津波が来て校庭では危ないので三角地帯へ避難します」

【15:32】NHK AMラジオが予想津波高「10メートル以上」を伝える

• 1年・6年担任を先頭に，児童ら移動を始める
• 山沿いを進んで右折，路地を通り県道を目指す
• 先頭の児童，県道手前で前方からの津波に遭遇，引き返す

15:36 ～ 15:38

【15時36分40秒，15時37分46秒，15時38分53秒】学校で見つかった3台の時計が止まる

大川小に津波襲来 児童

最終報告書の説明を受け，記者会見する遺族＝2014 年 2 月 23 日，石巻市の宮城県石巻合同庁舎

第2章　真相は、どこに

1 追及——遺族たちの年月

打ち切られた説明会

「なぜ、わが子は亡くなったのか」。学校管理下で戦後最悪とされる事故にもかかわらず、今も多くの遺族が納得できずにいる。第2章は真相究明を求める遺族たちの軌跡をたどる。

「この悲劇を世界中の人に知ってほしい」。2011年3月下旬、大川小6年の三男雄樹君(当時12)を亡くした佐藤和隆さん(51)が河北新報社に連絡し、こう訴えた。東日本大震災で約1万8500人が死亡・行方不明となり、最大被災地・石巻市では約3700人が犠牲になった。当時、「大川小の悲劇」は無数の悲劇に埋もれていた。3月30日付の河北新報は「なぜ多くの犠牲　保護者ら膨らむ疑問」の見出しで、遺族の間に芽生え始めた学校への不信感を報じた。

佐藤さんは当時の取材に「誰が悪いではなく、徹底的に検証してほしい。今後のためにも子どもたちの死を無駄にしてほしくない」と話し、既に「検証」という言葉を口にしていた。

大川小の生存児童を対象に29日、登校式が開かれた。当時の校長柏葉照幸氏は「つらいけれど、みんな明るい、笑顔で頑張っていけるようにしましょう」とあいさつ。子どもを亡くした親への説明はまだなく、遺族は「見捨てられた」との思いを募らせた。

初の説明会は遺族の要望を受けて震災約1カ月後の4月9日に開かれた。震災当日、学校にいた教職員11人中、唯一生き残った男性教務主任(57)が「山の方で木が倒れたり…」と話すと、母親の1人が「木は倒れてませんでした」と叫んだ。教務主任は、山の斜面で倒れてきた木に体を挟まれた瞬間、波をかぶったが、近くにいた3年の男子児童とともに山を上がったなどと説明した。

「真実」を語ったと思われた教務主任。後に多くの疑問や矛盾が明らかになる。遺族は教務主任の説明で真相が分かると期待したが、質問の機会はなかった。話し終えた教務主任は机に突っ伏し、説明会後、職員に守られて会場を後にした。遺族の前に姿を現したのは最初で最後となった。

2回目の説明会は6月4日。市と市教委は冒頭、「1時間限り」と通告した。初めて顔を見せた亀山紘市長の一言が、遺族との間に決定的な溝をつくる。責任を認めようとしない市長に対し、いら立つ遺族が「市長も子どももいるんでしょう」と迫った。

「もし自分の子どもが亡くなったら、自分の子どもに思いを償っていく。自分自身に問うしかない。これが自然災害における宿命だということでしょうか」

市長は遺族に向けた言葉ではなく、「自分だったら…」と言葉を補ったが、「宿命」の二文字が遺族の胸に刺さった。

開始から約1時間45分後、一方的に閉会が告げられた。遺族が次の予定を尋ねると、「これで終わりです」。なぜ、約45分間校庭にとどまり続けたのか――。明確な説明がないまま、市教委は2度の説明会で幕引きを図ろうとした。

説明会が終わり，会場を出る大川小の遺族ら．石巻市教委は２度の説明会で幕引きを図ろうとした＝2011 年６月４日午後８時 45 分ごろ，石巻市の飯野川第一小

「遺族は納得したのか？」。当時の学校教育課長山田元郎氏は報道陣から問われ、「納得した。遺族からは特に何も出ませんでした」と答えた。

納得できるはずもなく、遺族の心に消せない傷が深く刻み込まれた。

晴れぬ疑問——混迷の序章

東日本大震災から約1カ月後の２０１１年4月9日、石巻市教育委員会が大川小の保護者を対象に初の説明会を開いた。当時学校にいた教職員11人中、１人だけ生き残った教務主任が遺族の前で語った唯一の場。説明会は非公開だったが、遺族が撮影した映像を基に再現する。

「すみません、助けられなくて、本当に申し訳ありませんでした」

説明会は大川小が間借りしていた同市飯野川第一小(現在は飯野川小)で午後6時半に始まった。開始10分すぎ、教務主任が遺族ら約１００人の前に姿を現すと、怒号がぴたりとやんだ。誰もが一言一句を聞き漏らすまいとした。黒い長袖のトレーナーを着た教務主任はうつむき加減だったが、口調ははっきりとしていた。時折、拳を鼻や眉間に当て、つらそうな表情を見せる。地震発生の様子から始まった証言は津波襲来の瞬間に及んだ。

「ものすごい突風と聞いたこともない音が聞こえてきて、学校の前の道路の方を見たら、ものすごい高さの津波が道路に沿って来るのが見えました。それで、すぐに『山だ、山だ、こっちだ』と叫んで山の方にやりました」

斜面に逃げた際、倒木2本に右腕と左肩が挟まれたと語る。「その瞬間に波をかぶって、もう駄目だと思ったんですが、波が来たせいかちょっと体が、木が軽くなって…」

斜面の上、数メートル先で3年の男子児童が助けを求めていたという場面。「とにかく『死んだ気で上に行け』と叫びながら、その子を押し上げるようにして、斜面の上に必死に登っていきました」

津波襲来の瞬間、どこにいたのか。本当に波をかぶったのか――。これらは後に、遺族に多くの疑問を生む。

「毎日、学校で中庭で元気に遊んでいる子どもたちの夢とか、直前まで一緒に卒業式の用意をしていた先生たちの夢を毎日見ます。本当にすみません」

約20分の独白を終え、深々と頭を下げた教務主任は机に突っ伏し、再び語ることはなかった。

大川小児童遺族説明会の経過

2011年	4.9	第1回	生き残った男性教務主任が当日の様子を説明
	6.4	第2回	児童らへの聞き取りを基に津波襲来までの経過を説明．亀山紘市長が「自然災害の宿命」と発言．市教委は説明会打ち切りを宣言
12	1.22	第3回	初めて報道陣に公開．危機管理マニュアルの不備などを認め謝罪．境直彦教育長「人災の面も」．第2回説明会前日に教務主任が遺族宛てに送っていたファクスを公表
	3.18	第4回	第三者検証委員会設置の検討を表明
	7.8	第5回	市教委が防災対策や対応の不備を認めたが，関係者の処分は否定
	8.26	第6回	亀山市長が1年2カ月ぶりに出席．「宿命」発言を釈明
	10.28	第7回	元校長の柏葉照幸氏が11年11月に教務主任と会っていたことを明らかに
13	9.8	第8回	10カ月ぶりに開催．市教委は検証委への影響考慮と弁明
	11.23	第9回	責任問題に市教委「検証結果を待ちたい」
14	3.23	第10回	市教委「訴訟に影響」と説明拒否

父親の1人が静寂を破る。「どうして次の日に早く来てくれなかったの」。教務主任、柏葉照幸校長、山田元郎学校教育課長(いずれも当時)らが並ぶ机に、小さな靴をたたき付けた。

「分がっか、この靴、靴だけしか帰ってこねえよ。これ、おいの娘、靴か!!」

せきを切ったように怒りに満ちた質問が飛び、むせび泣きが漏れた。

「誠意がねえぞ」「何で1カ月もたつのっしゃ、こんな話すんのに」「何で先に登校式なんですか?」「人災なんだよね」「行ってきますって出ていったまんま、まだただいま言われてねえんだ」「本当に返してけろ」「返せ!」「子どもたちの出てきた姿、見たことある? お姉ちゃんが妹ば抱えて出てくるやつ。どんな思いでいたと思う、あそこさ」

市教委は学校管理下以外の児童生徒も含む

合同慰霊祭を提案した。「市全体のバランス」を強調し、逆に怒りを買った。まだ児童10人が行方不明だった。翌日から捜索への参加を約束した。

1時間半余りの説明会で、遺族の「なぜ」が晴れるはずもなかった。計10回の説明会、第三者検証委員会、訴訟へと続く長い混迷の序章にすぎなかった。

市教委の相次ぐ不手際

先生、山さ逃げよう――。

東日本大震災当日の石巻市大川小で、男子児童が裏山への避難を訴えたという証言。校庭で待機させられた子どもたちの危機感を象徴する証言の扱いが、市教委の事後対応のまずさを際立たせた。

発端は11年6月の第2回説明会だった。市教委は「(防災無線を聞いて)『ここって海岸沿いなの』という女子、『山さ逃げよう』という男子がいた」と説明した。ところが12年3月の第4回説明会では「(証言の)事実を押さえていない」と否定した。同8月の第6回説明会では「遺族から伝え聞いた話を基に説明したと考えられる」と釈明した。

遺族によると、証言は「先生、山さ逃げよう。ここさいると死ぬから」。校庭でやりとりを見聞きし、証言したとされる児童に11年4月と11月、直接、発言内容を確認したという。一方、この児童は同5月、河北新報社の取材に「男子から『(山に)上りましょう』とかの話はなかったと思う」と話した。今回、再取材を試みたが、接触できなかった。

初期の証言に関する市教委の説明が二転三転し、遺族は「意図的に児童の証言を隠したのではないか」との疑念を抱いた。同8月には市教委が教務主任や生存児童らに聞き取りした際のメモを廃棄したことが、河北新報社の報道で発覚。当時の指導主事加藤茂実氏は「メモの中身は(聞き取りを記録した)報告書に全て盛り込んだ」と弁明したが、「都合の悪い事実を消し去った」と強い批判を浴びた。

報告書自体、コピー&ペーストをしたかのような文言があった。5年の男子児童2人の「被災後の行動」の項目は、6文中4文が句読点も含め全く同じだった。6年の長男大輔君(当時12)を亡くした今野浩行さん(56)は「別々の児童が判で押したように同じ回答で、あまりにも不自然」と指摘する。

12年8月の第6回説明会では、当時の学校教育課長山田元郎氏が、遺族の追及を受ける加藤氏に向け、口に指を当てて合図する様子が、遺族が撮影したビデオに映っていた。市教委の姿勢を象徴するシーンとして、遺族の脳裏に刻まれた。

「なぜ子どもたちは、学校で亡くならなければならなかったのか」

6年の次女みずほさん(当時12)を亡くした佐藤敏郎さん(54)宅に週1、2回集まり、情報交換する遺族のグループが自然発生的に生まれた。佐藤さんらは独自に「空白の50分」を検証した。児童や保護者、地域住民らの証言を集め、情報公開請求も駆使。あの日の校庭には津波から逃げるための「時間」「情報」「手段」があったとの確信に至る。避難場所を決めていなかったことなど、危機管理マニュアルの不備は遺族の追及で明らかになった。

第2回説明会前日の11年6月3日、教務主任は遺族宛てに市教委へファクスを送っていたが、当初開催予定がなかった7カ月後の第3回説明会まで公表されなかった。佐藤さんは「市教委が言うように『先生が力を振り絞って書いた手紙』だとすれば、あまりにずさんな扱いだ。ファクスの存在を永遠に隠すつもりだったのではないか」といぶかる。

対応に当たった加藤、山田両氏は係争中を理由に取材に応じていない。

第三者委員会発足――深刻なずれ

不信は頂点に達した。

12年6月16日、仙台市の仙台弁護士会館。佐藤敏郎さんら8遺族11人が記者会見を開いた。全員が会見は初めてで、意を決して石巻市教育委員会の姿勢を広く問うた。

「安全なはずの学校で、なぜ多くの子どもが亡くなったのか。きちんと説明してほしい」

引き金は、情報開示請求で明らかになった「引き渡し中に津波」との文書だった。震災5日後の11年3月16日、当時の校長柏葉照幸氏が市教委に報告したと記載されている。大川小関連の文書とは別に、各学校の被災状況をまとめたファイルにとじられていたとの理由で、1年3カ月余り開示されなかった。

市教委は「被災1分前に移動を開始し、避難途中で津波に遭った」と説明してきた。「引き渡し中」なら校庭にとどまっていたことになる。明らかな矛盾に、遺族は「避難ではなく、津波が来たから逃げただけではないか」(佐藤さん)と指摘した。柏葉氏は市教委を訪れる前日、唯一生き残った教務主任からメールを受け取ったとしている。その内容が反映されたとみるのが自然だ。しかし、柏葉氏は遺族会見後の説明会で「避難所か河北総合支所で誰かから側聞したと思う」と、真偽も出所も曖昧に言葉を濁した。

検証の歩みは遅々として進まなかった。11年6月の第2回説明会で、市教委が「津波襲来12分前」と説明した避難の開始時刻が、最終的に「1分前」に修正されるまで震災から1年近くを要した。担当者が2人とも12年4月の定期異動で代わり、遺族はまた一から説明を強いられた。

同3月の第4回説明会終了後の記者会見で、市教委は第三者委員会の設置検討を表明した。「専門家の意見も踏まえてやっていくしかない」との遺族の要望を受けたものだが、内実は深刻なずれがあった。

「前例のない事故。みんなが知恵を出し合い、悩んで話し合っていきたい」

佐藤さんらが繰り返し訴えたのは、遺族と市教委、県教委、文部科学省、専門家らが膝を突き合わせて議論を続けることだった。市教委は当初から外部委託を掲げ、「客観的な検証作業」「第三者による公正な立場からの検証」と繰り返した。

「丸投げではないか」。遺族が懸念する中、市は同6月、検証委設置に関する事業費2000万円の予算案を議会に提出した。佐藤さんら有志が担当者と重ねた折衝が、「第三者検証に向けた打ち合わせ」にすり替えられた。文科省が主導した委員の人選では、遺族が「市側に近い」と反対した候補1人が外された。事務局トップと委員が親子関係にある点も疑問が噴出した。遺族や遺族推薦委員の参加は認められなかった。

13年2月、大学教授や弁護士ら委員6人、調査委員4人で検証委が発足した。委員長に選任され

検証委の初会合に先立ち，大川小の被災校舎を視察する委員ら＝2013年2月7日

た室崎益輝・兵庫県立大大学院減災復興政策研究科長は、初会合後の記者会見で「検証の原点は犠牲者と遺族に心を寄せること。疑わしいことは取り上げて教訓としたい」と意気込みを語った。

なぜ児童74人は亡くなったのか。震災から約2年、追い求めた真実を明らかにしてほしい。遺族は信じるしかなかった。

調査の「限界」

「なぜ避難が遅れたのか、なぜ川に向かったのか。解き明かしてほしいことが結論になってしまった。1年間、何だったのか」。大川小で長男大輔君を亡くした今野浩行さんが振り返る。

大川小事故検証委員会は発足から1年となる14年2月、最終報告書を取りまとめた。当初の3倍近い事業費5700万円をかけ、計9回の会合を経た約200ページの報告書は「避難開始の意思決定が遅く、河川の堤防付近を避難先としたことが直接的な要因」と結論付けた。

「火事現場を調べて『原因は火』と言うようなもの」。6年の三男雄樹君を亡くした佐藤和隆さんは納得できなかった。

検証に難しさはあった。あの日、校庭にいた人の多くは亡くなった。限られた目撃者も震災から2年がたち、記憶が薄れたり、欠けたりしている懸念があった。それでも遺族の目に、検証委の言う「中立公正」「ゼロベース」は、津波襲来に至る50分間の核心に踏み込まず、「仕方がなかった」証拠を集めているように映った。

遺族が矛盾を指摘する教務主任の証言が数多く採用され、児童らの危機感を表す証言は両論併記や推定にとどまった。地震後、指揮台のラジオを聴いていたとの複数の証言がありながら、備品台帳で存在の有無から調べた。津波の分析にも時間を費やした。

校庭に避難してきた地域住民の発言が影響したとの見方に「子どもは地域に預けたのではない」と反発が起こった。市教委の事後対応への追及は、職員の「深く考えなかった」などの証言に妨げられ、十分に踏み込めなかった。

遺族が重要視したのは、教職員集団の人間関係、人事、組織の問題だった。防災に詳しい教務主任が裏山避難を強く主張できなかったのはなぜか。しかし、突っ込んだ議論はなかった。検証委関係者は「検証委は県教委や文部科学省と一心同体に近く、その時点で限界があった。人事や組織の問題が背景にあると思っても、議論の俎上《そじょう》に載らなかった」と述懐する。

「疑問の全てに答えを見いだすことができたかと問われれば、十分にはできなかったと言わざるを得ない面がある」。報告書の最後に、検証の「限界」をにじませる一文が記載された。委員長を務めた室崎益輝氏は取材に「行政と遺族が対立し、信頼関係が築けなかった。市教委側の協力がほとんど得られず、検証委に強制力を伴う調査権がなかった」と振り返る。

14年2月の最終報告書説明会後、石巻市内で記者会見した遺族7人は失望を隠せずにいた。一人息子だった3年の健太君(当時9)を亡くした佐藤美広さん(57)は「失うものは何もない。裁判に打って出たい」。今野さんは「子どもの敵を討つため、法的手段も検討したい」と語った。不法行為に基づく損害賠償請求に関する3年の時効が半月後に迫っていた。

全校児童108人の大川小。地域社会のつながり、しがらみを抱えた父母たちが、行政を訴える決断は重い。わが子を亡くした54家族のうち19家族が提訴した。

何に勝ったのか

16年4月21日午後、仙台地裁であった石巻市大川小訴訟の8回目となる口頭弁論。原告団長の今野浩行さんが、法廷で声を張った。遺族代理人から、交通事故と今回の津波被災の違いを聞かれた時だ。

「学校は子どもを守るプロがいる、最も安全で安心できる場所。親はそれを疑いもしていなかった」「最低限、何があっても命は保障してもらわなければ、これからの義務教育、何を信じて学校に子どもを預けるのか」

大輔君は、もうこの世にいない。こんなことは、もうあってはならない。遺族の思いを代弁した。

法廷は静まり返った。

児童23人の19遺族は14年3月10日、市と宮城県を相手に約23億円の損害賠償を求める訴えを起こした。津波襲来までの約50分間に何があったのか。市教育委員会も、第三者検証委員会も届かなかった「真実」の究明を託した裁判だった。

最大の争点は、河口から約3・7キロ離れ、市の津波浸水予想区域から外れていた大川小で津波を予見できたのかどうか。市は「天災であり、大津波を予見できなかったのはやむを得ない」と反論し、争った。

提訴から2年7カ月後の16年10月26日、仙台地裁は学校側の責任を認め、遺族に約14億円を支払うよう市と県に命じた。

「勝訴　子供たちの声が届いた!!」

判決言い渡し直後、一人息子だった3年の健太君を亡くした佐藤美広さんが、地裁前の坂を駆け降りる。右手で目元を拭い、原告全員の思いを記した横断幕を掲げた。あの日まで「単なる田舎のおんちゃん、おばちゃん」(遺族)だった父親と母親。「子どもたちの最期を知りたい」との執念がつかみ取った結果だった。

地裁は87ページに及ぶ判決文で、津波襲来に至る分刻みの事実経過を認定した。ただ、最も遺族が知りたかった「なぜ避難が遅れたのか」は十分に解明されなかった。唯一生き残った教務主任の証人尋問は認められず、新たに判明した事実は皆無に近かった。

地裁審理は津波の予見可能性に争点が集約された。民事訴訟は、裁判所が双方の主張と証拠を比

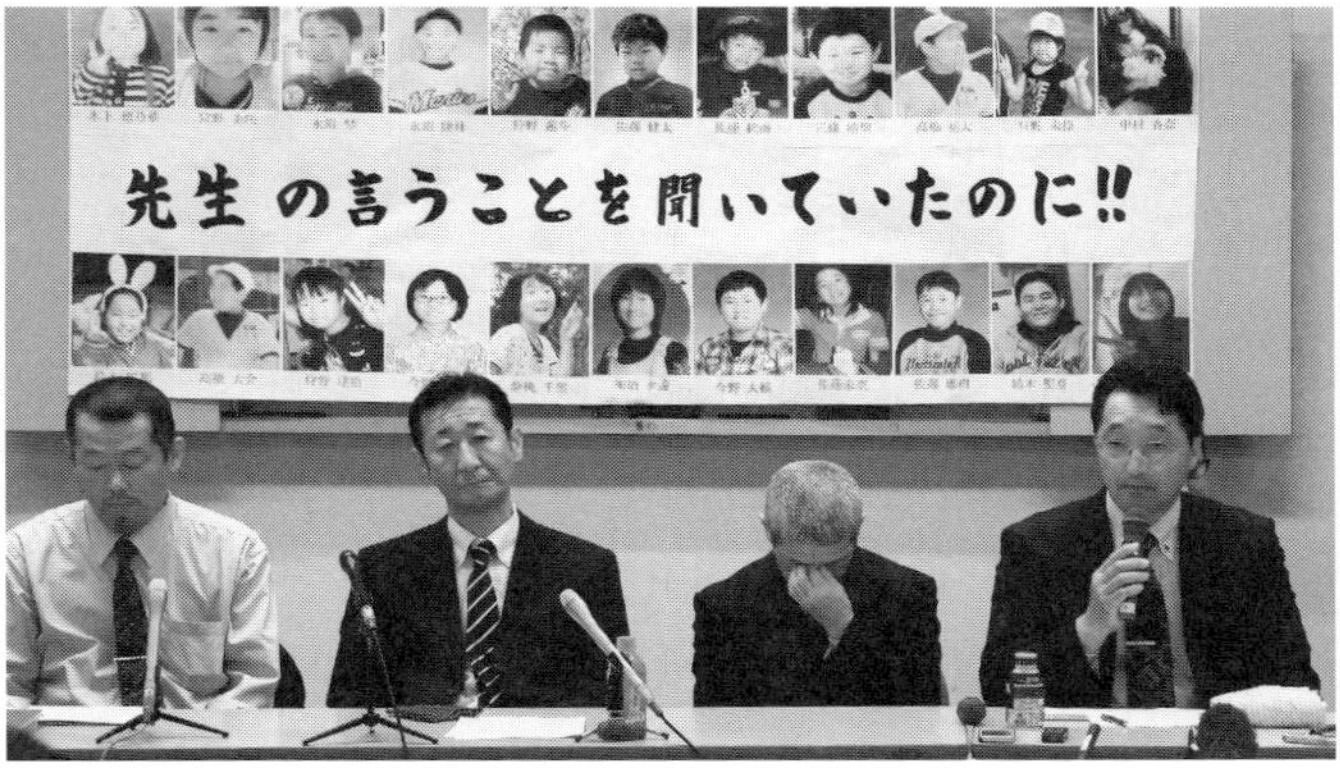

地裁判決後，子どもたちの遺影の前で記者会見に臨む遺族＝2016年10月26日，仙台市青葉区の仙台弁護士会館

べ、説得力の優劣を判断するにすぎない。「疑問を解消するために提訴したが、限界を感じた」。人生初の裁判に臨んだ遺族の、偽らざる感想だった。

地裁判決には、法曹界からも異論が相次いだ。現場の教職員が津波襲来を予見できた時刻を、津波襲来7分前の午後3時30分ごろと認定した部分だ。市代理人は「7分で避難行動が取れるわけがない。あの日の校庭にはスーパーマンが求められた」と皮肉った。遺族代理人は「過失の認定が遅すぎる。事前防災の怠慢を許す判決で、これでは同じ悲劇が繰り返される」と批判した。

「裁判で勝ったら、ハイタッチして喜ぶのかと思っていた」。6年の三男雄樹君を亡くした佐藤和隆さんは判決の日の夜、突然むなしさに襲われた。裁判には勝ったが、息子は返ってこない。いったい何に勝ったんだろう――。

亀山紘市長は判決の2日後、早々と控訴する考えを示した。市と県が責任を認めて謝罪し、検証を再開するという遺族の願いは、また遠ざかった。

「備え」を焦点に再び審判へ

「亡くなったわが子が安心できるよう、いい判決を心より願っています」

17年3月29日、仙台高裁で石巻市大川小訴訟の控訴審第1回口頭弁論があった。6年だった長男大輔君を失った今野ひとみさんら6人が証言台に立ち、親としての思いを述べた。

この日、小川浩裁判長は次回までの「宿題」を被告の市に出した。▽各学校が提出した危機管理マニュアルの内容を確認していたか　▽不備の是正を求めたことはあるか　▽各校長に、内容を教職員へ周知するよう指示したか　▽いつ、どの学校に対して――。

マニュアルは東日本大震災前の09年4月、学校保健安全法施行で、大学を含む全ての学校に作成が義務付けられた。危険発生時、教職員が取るべき行動などを詳しく定めた「学校防災の指針」だ。大川小のマニュアルは避難場所が曖昧で、内容や運用面の不備が遺族側から指摘されていた。

10以上に及ぶ質問項目は、4年目に入った法廷闘争の空気を一変させた。遺族代理人の吉岡和弘弁護士は閉廷後、「やっと、ここに焦点を合わせてくれた」と手応えを感じた。

5カ月前の16年10月下旬。「これ以上、苦しめないで」。控訴関連議案を審議する臨時の市議会が始まる前、遺族は通り行く市議1人1人に訴えた。「疲れ切っていて、早く抜け出したかった」と原告団長の今野浩行さんは振り返る。

仙台地裁はマニュアルの是非を深く吟味することなく免責した。「あの50分間を生んだ原因はここにある」。訴訟の継続に及び腰だった遺族だが、高裁の積極的な訴訟指揮を歓迎した。

市側は17年5月、「マニュアルの作成状況を確認したり、不備の是正を求めたりした記録はない」と回答。被告代理人の弁護士は審理が終盤に差し掛かった頃、取材に「高裁の意図を測りかねる」と困惑した。

「震災前、仮にですよ」。17年10月、高裁の潮見直之裁判官が切り出した。視線の先には、震災当時、市教委学校教育課長だった山田元郎氏が座っていた。裁判官が仮定と前置きして尋問するのは珍しい。津波への不安を理由に保護者が大川小への就学に難色を示した場合、どう対応したかを尋ねた。

「ハザードマップを基にして大丈夫だと説得する」と山田氏。事務的な答えに対し、潮見裁判官が強い口調で2度ただした。

「教育専門家として、『児童の安全は教職員が守りますから安心してください』という言葉は使いませんか」「だから安心してください、心配には及びませんよ、というふうな話はしませんか」

遺族の女性3人が目元にハンカチを当てていた。こらえきれず、法廷に嗚咽《おえつ》が漏れる。親は、わが子が通う学校を選べない。大川小に関わる教育専門家たちは「安心」を保障していたのか。裁判官の問い掛けは、大川小に欠けていたものを示唆していた。

18年1月23日、控訴審は8回の弁論を経て結審した。

市・県側は「当時の知見からすれば、大川小の備えに不備はなかった」と主張。遺族側は「組織が命を軽視し、大川小の悲劇につながった。二度と繰り返さぬよう、今後の防災の礎になる判決を望む」と訴えた。

コラム

母たちの7年――控訴審判決を前に

幼いままのわが子の写真を見つめ、葛藤を抱きながら数々の「なぜ」を追い続けてきた母親たち。控訴審判決を前に、何を語ったか。

佐藤かつらさん――真実を求める心は癒えず

「服を買いに行きたい」

石巻市福地の佐藤かつらさん(52)は2011年3月上旬、大川小6年だった次女みずほさんに初めてせがまれた。普段は二つ年上の長女のお下がりが大好きな子だった。春休みに友人たちと東京ディズニーランドに行く予定がある。「夢の国」に着ていく服は特別だ。

あの日、みずほさんの小さな願いは、命もろとも奪われた。2日後、校舎西側の山沿いで遺体で見つかった。将来の夢は通訳。4月から中学校で習う英語の授業を楽しみにしていた。

同市河南西中の美術教諭だった佐藤さんは、4月の入学式で新入生を迎えた。みずほさんと同じ学年だ。「僕たちと同じ新中学生になるはずだった人たちの分まで頑張る」。新入生代表のあいさつに、立ったまま涙が止まらなかった。

なぜ大川小だけ大勢の子どもたちの命が失われたのか。「経験のない揺れだった。教員なら大げさなくらい最悪の事態を考えて避難するはずではないか」。疑問は膨らむ一方だった。

6月4日、2回目の遺族説明会に出席した。市教委側は顔見知りの教員ばかり。誠心誠意、説明を尽くしてくれるとの期待は裏切られ、説明会も質疑途中で一方的に打ち切られた。「先生たちは組織を守ろうとする態度だった。信じられない光景がショックで、言葉を失った」。会場を去る教員らをぼうぜんと見送るしかなかった。

中学校への行き帰りの車中で、校舎の廊下で、涙が突然あふれた。「こんな状態では授業にならない」。1学期末の退職を考えたが、同僚らに支えられ年度末まで勤めた。合唱コンクールや部活動に懸命な教え子らの姿に感動を覚えつつ、「みずほは、こういう素晴らしい中学校生活を味わうことができなかった」と、悔しさと悲しみが募った。

13年2月に発足した第三者検証委員会にも幻滅した。生存児童らから聞き取る努力が足りないと感じ、最終報告書に盛り込まれた24の提言は「大川小を踏まえていない」と映った。元中学教諭で夫の敏郎さんや他の遺族と共に独自に検証を進め、必死に真実を求めてきた心がまた折れた。

「裁判しかないのでは…」。頭をよぎったが、敏郎さんは当初から裁判は念頭になかった。

「お父さんの判断でいいよ」と伝えた。

震災から7年。「気持ちはあまり前に進めてないのかな」。児童らに聞き取った証言メモを廃棄したり、説明を二転三転させたりした市教委や、踏み込み不足の検証委に「つぶされた心」は今なお癒えない。仙台地裁や高裁にも何度か傍聴に通った。原告遺族と「ずっと同じ気持ち」でいる。「後世の教訓となる判決が出る」。そう心から信じて。

狩野正子さん——安全な学校を子に誓う

石巻市針岡の狩野正子さん(45)には、忘れられない会話がある。

「また大きな地震が来る。学校にいたら危ないから、行きたくない」

2011年3月10日の朝、自宅の台所で、起きてきた大川小5年の長男達也君(当時11)が訴えた。前日午前、地震に遭った。石巻市は震度4で、50センチの津波を観測。学校にいた達也君と2年の長女美咲さん(当時8)ら全校児童が一時、校庭に避難した。

達也君は地震が嫌いだった。地震や津波について調べ、自作の壁新聞にまとめたこともあった。怖がる息子に、狩野さんは優しく諭した。「学校にいれば先生がついてるし、守ってもらえるから大丈夫だよ」

翌11日、東日本大震災が起きた。達也君は3月22日、美咲さんは4月2日に、それぞれ亡きがらとなって見つかった。「結局、達也の言った通りだった。学校は安全じゃなかったんだと思うと、2人に本当に申し訳なくて…」。いつもの朝の、何げないはずの会話。後悔とともに思い返す。

あの日まで信じて疑わなかった学校で、なぜ子どもたちは亡くなったのか。石巻市教育委員会の説明会も第三者検証委員会も、「避難が遅くなって亡くなった」としか言わない。むしろ、危機管理マニュアルの不備などを知るほど、「なぜ」が深まった。

14年3月、夫達弘さん(45)と裁判に参加した。当時の校長らの証人尋問は、不十分な対策の責任逃れにしか聞こえなかった。在校の教職員で唯一助かり、達也君が慕っていた男性教務主任の証言は聞けなかった。法廷は全てを明らかにしてくれなかった。

大川小から約4キロ離れた自宅は無事だった。学習机も、服も、おもちゃもあるのに、持ち主の仲良しきょうだいはいない。生きるのがつらかった。

「もう一度、お父さんとお母さんになりたい」。14年10月に次女ひなたちゃん(3)が生まれた。早産で生後すぐは心配されたが、今では散歩が大好きで元気な女の子に育った。

ひなたちゃんが達也君と美咲さんの写真を見て言った。「お兄ちゃんとお姉ちゃん、私に会いに出てきてくれない」。狩野さんは胸を詰まらせながら、優しく教えた。「見えないけど、いつもそばにいるよ」

真実を知りたい。自分たちと同じ思いを誰にもしてほしくない。裁判の目的が、もう一つ加わった。ひなたちゃんが大きくなる頃、学校は安全な場所であってほしい——。

控訴審判決では、天国の達也君と美咲さんに、報告したい。「達也が言う通り、学校は危なかったね。でも今度は、安心して行けるような学校になるんだよ」。誇らしげな達也君の顔が浮かぶ。「ほらね言ったでしょ、お母さん！」

今野ひとみさん——大輔が見守っている

時は流れ、周りだけが変化している。

石巻市の今野ひとみさん(47)は、大川小6年だった長男大輔君を失った。「あの日から時間が止まっている」。流れについていけないもどかしさを感じる。大輔君の友人が車を運転していると聞いた。「同じように免許を取り、私を乗せてくれたかな」。つい思ってしまう。

大輔君は2018年11月12日に20歳になるはずだった。6年になり1人部屋を与えても、週1回は「お母さん、一緒に寝っぺ」と布団に潜り込んできた。甘えん坊のイメージのまま7年が過ぎた。成人した息子の姿をどうしても想像できない。

市内のビジネスホテルで働く。夕食時、宿泊客の若い男性が何度もお代わりした。「大輔もよく食べる子だった」。ついおかずをサービスする。知らず知らず息子の面影を追っている。

石巻市教委や第三者検証委員会の説明を何度聞いても納得できなかった。「子どもたちは最後の最後まで怖い思いをさせられた。親として悔しい」。息子の無念を思い、大川小事故をめぐる訴訟に参加した。

仙台高裁での審理は、危機管理マニュアルの不備など事前防災に焦点が当たった。市教委側は「マニュアルを点検していなかった」などと証言。「大人がきちんと仕事をしていれば、子どもたちを守れた」と知り、原告席で悔し涙があふれた。

一審、二審を通して原告側が何度も申請したが、生き残った男性教務主任の証人尋問は実現しなかった。「証言を強要するくらいなら、出てこない方がいいと思っていた」と打ち明ける。亡くなった子どもに対する思いは心底聞きたい。ただ、本当の気持ちは自らの意思で出てこないと話せないのではないか。時が来るまで待ち続ける。

夫の浩行さん(56)は原告団の団長を務める。真面目な性格で、18年4月26日の判決が近づくにつれて「負けたら、自分の責任になる気がする」と不安げな表情を見せる。「気をもんでもしょうがない」「大輔が見守っている」。重責を担う夫を励ますことが、団長の妻の役目だと思っている。

月命日の18年4月11日、夫婦で同市針岡の松山寺《しょうざんじ》を訪ねた。「今野家之墓」には、自宅で大輔君の帰りを待っていて津波の犠牲になった長女麻里さん(当時18)、次女理加さん(同16)、義父浩さん(同77)、義母かつ子さん(同70)も眠る。

彼岸の際に供えた花を替え、「こっちの事は心配しないで」と手を合わせた。

判決後は墓前にこう報告したい。「学校側が間違っていたと認められたよ。ごめんねと言っていたよ」

和解を選ばなかった原告遺族

東日本大震災の津波で犠牲になった石巻市大川小の児童23人の遺族が、市と宮城県に約23億円の損害賠償を求めた訴訟で、遺族側は和解ではなく判決を選択した。「学校防災の礎になる判決を示してほしい」。遺族が判決を選んだ背景には、司法に託した強い思いがあった。

控訴審が結審した日に、亀山紘市長と村井嘉浩知事はそろって「和解による解決に至らなかったことは大変残念」との談話を出した。直前に仙台高裁が原告、被告の双方に和解の意思があるかどうか打診し、遺族が判決を求めたため、和解勧告は見送られていた。

提訴直後の14年5月、亀山市長は「提訴内容は納得できず、和解はしない」と公言し、争う姿勢を鮮明にした。方針が一転したのは16年10月、仙台地裁が学校の過失を認め、約14億円の賠償を市と県に命じた直後。市と県は早々と控訴を決める一方、和解に前向きな考えを打ち出した。

和解は両当事者が協議し、謝罪や再発防止策など金銭以外の条件を盛り込める。ただ、「完敗」の回避など戦略的に利用されることもあり、市民が思い描く「仲直り」のイメージとは異なる例も少なくない。一方、判決は司法による詳しい事実認定が得られ、先例的価値を持つ。原告と被告は、こうした長短を比較考量しながら最善の解決策を探ってきた。

園児5人が津波で亡くなった石巻市の私立幼稚園をめぐる訴訟では、「園側が法的責任を認め、心から謝罪する」との条件を付け、控訴審で和解した。だが、謝罪は和解条件を記した書面にとどまり、遺族に対する直接の謝罪はなかった。

大川小訴訟をめぐる亀山紘・石巻市長と村井嘉浩・宮城県知事の主な発言

2014 年 3 月 10 日		**児童 23 人の 19 遺族が約 23 億円の損害賠償を求め，石巻市と宮城県を仙台地裁に提訴**
13 日	市長	「訴状の中身を見た上で判断したい」
5 月 8 日	市長	「和解はしない．提訴内容は納得できない」
19 日		**第 1 回口頭弁論**
	知事	「市の対応を見守りつつ県として適切に対応する」
16 年 10 月 26 日		**仙台地裁，石巻市と宮城県に児童 23 人の遺族に約 14 億円の賠償を命じる判決**
	市長 知事	「結果を重く受け止めている」 「市と協議し，対応を判断したい」
28 日 11 月 7 日	市長	「受け入れられない内容を含んでいる」 **市と県が控訴**
	市長 知事	「予見可能性と結果回避義務違反の 2 点に納得できない」 「1 審判決は承服しがたい点がある．上級審の判断を仰ぎたい」 「互いが争うのは法治国家ではやむを得ない」
9 日		**遺族側も控訴**
	市長	「今の時点で和解は考えてない」 「裁判所から和解提案があった場合はしっかり考えたい」
12 月 6 日	知事	「教員の責任を認めた判決が確定すれば，今後の判例に影響を与える」
17 年 12 月 4 日	市長	「市から積極的に和解案を出すことは考えていない」
18 年 1 月 4 日	 市長	和解について市から考えを示すことはないのか，と問われ 「そうですね」
23 日		**控訴審が結審**
	市長 知事 市長	「できることなら和解により解決したいという思い」 「和解による解決に至らなかったことは大変残念」
29 日	知事	「何が何でも和解というより，裁判所から話があれば歩み寄る心づもりがあった」

大川小訴訟の原告となった児童遺族は一審から事前防災の不備を指摘し、「失われた命を無駄にせず、学校防災の向上につながる司法判断を望む」と一貫して訴え続けてきた。19遺族全員が判決を選択したのは、二度と同じ悲しみを経験する親が出ないよう、司法に願いを託したからだ。

コラム

検証の実情と課題——専門家2氏の考え

大川小事故をめぐり、学校管理下における事故検証のあり方が論議を呼んだ。有識者らによる事故検証委員会の設置を主導した文部科学省元事務次官の前川喜平氏と、学校事故・事件に詳しい京都精華大の住友剛教授に検証の実情や課題を聞いた。

前川喜平氏

——検証委の設置を文科省が主導した背景は。

「遺族から大臣宛てに『市の対応は非常に問題があり、文科省が指導してほしい』という手紙が届いた。遺族は市への不信感が大きかった。事情を聴けば聴くほど、文科省がかなり実質的に関わらないと事態が動かないと考えた」

「東日本大震災時、学校管理下で最も多くの子どもの命が失われたのが大川小だ。大川小事故の検証抜きに、今後の学校防災は議論できないと思った」

――委員の人選を巡り、遺族から異論が出ました。

「委員は文科省が決めた。遺族の同意を丁寧に得ることを考え、委員から外した方もいた。遺族が推薦する委員は、中立性や客観性を確保する意味で検討しなかった。最終的に納得してもらえる態勢でスタートできたのではないか」

――検証委は市教委や学校、教員の過失や法的責任を追及しませんでした。

「検証の目的は、悲劇を繰り返さないための教訓を得て、今後の学校防災に役立てること。法的責任を追及すると、検証本来の目的が果たせなくなる。法的責任の追及は裁判でやることであり、検証委が踏み込むべきではない」

――遺族は検証委の報告書に納得していません。

「100パーセント納得してもらえるとは思っていなかった。法的責任は追及していないし、一部の遺族が考える事実にたどり着いていない」

「事実関係はできるだけ丁寧に客観的に確認した。事実をねじ曲げたり、証拠があるのに事実認定しなかったりはしていない。残っている証拠や証言からは報告書が限度だった。教訓は引き出せたと思う」

――教員の責任を認めた仙台地裁判決をどう受け止めましたか。

「教員の過失認定は意外ではなかった。（津波を目撃してUターンし、高台避難を呼び掛けた）市広報車の問題は大きい。後知恵だが、学校に立ち寄り、『逃げなさい』と言っていればと思う。市と宮城県の控訴について、文科省はまったく相談にあずかっていない」

――検証委の調査資料の保管先が決まらず、4年以上宙に浮いたままです。

「市がコンサルタント会社に事務局の運営を委託した立場であり、本来は市が調査資料を保管するべきだ。コンサルは市が求めれば返すはずだ。市は『訴訟に影響がある』と言うかもしれないが、コンサルが返還を拒む理由はない」

――学校管理下で起きた事故の補償の在り方をどう考えますか。

「学校管理下で起きた事件事故や災害で身体や生命に損害が生じた場合、学校側の責任の有無を問わない無過失責任の考えに立って全て補償するべきだ。まだ文科省にいれば、制度化を進められたかもしれない」

まえかわ・きへい　東大法学部卒。1979年、文部省（当時）入省。2013年の大川小事故検証委発足時は官房長兼子ども安全対策支援室長。16年6月に事務次官就任。17年1月退官。1986年9月から2年間、宮城県教委に出向。奈良県御所市出身。

住友剛氏

――学校事故の遺族支援や遺族の「知る権利」をどう考えますか。

「大川小事故の場合、専門家集団が遺族と対話しながら、５年、10年かけて調査研究する枠組みが必要だったのではないか。学校事故の調査研究と被害者支援を同時に進める仕組みが日本にはまだなく、検討する必要がある」

「遺族は、わが子の生きていた最後の姿を知りたいと願う。これに積極的に応じていくことが遺族支援の出発点となる。しかし、その制度自体が未整備だ。子どもの安全に関する包括的な法律である学校保健安全法に、遺族の『知る権利』などを盛り込むべきだ」

――大川小事故検証委の人選や事務局の選定についてどう思いますか。

「遺族が一貫して求めているのは『空白の50分、なぜ校庭から動けなかったのか？』。学校の中での出来事なのに委員に学校の専門家は１人しかいない。もっと増やした方がよかった」

「亡くなった子どもと教職員の記憶を継承し、同様の災害を防ぐ責務は石巻市と宮城県にある。自らの在り方を問うために調査・検証し、遺族と共に再発防止策を探る検証委にすべきだった。事務局は民間コンサルタントではなく、批判はあっても学校防災を担う自治体に置く方がよい」

――行政の危機管理に求められる姿勢とは何ですか。

「行政や学校は従来、提訴された際の対応を危機管理のメインに据えてきた面があるのではないか。本来、行政や学校にとって、子どもの命を守れなかったこと自体が危機のはずだ」

――検証委は「中立公正」や「ゼロベース」を掲げましたが、遺族は結果に納得していません。

「遺族は知りたいという思いが切実だから猛勉強する。委員は自分を専門家と勘違いしているが、地域や学校、子どもについては遺族の方が詳しい。検証委は遺族の持つ知恵や情報を生かすべきところ、自分たちの思うゼロベースや中立公正にこだわりすぎたのではないか。中立公正、ゼロベース、専門性という言葉の内実を問う必要がある」

――遺族が真相究明を求めて訴訟を提起せざるを得ない現状をどう考えますか。

「訴訟が新たな対立をつくり出している側面はないのか。自治体側は訴状を見て言い訳を考えたり、時には荒唐無稽な主張をしたりする。その度に遺族は傷つく。金銭的な補償と責任者の処分を除き、できるだけ話し合いで決着すべきだ」

――学校事故に「無過失責任」を適用すべきだとの意見がありますが。

「遺族の『お金なんか要らないから、子どもを返して』という思いにどう向き合うか。わが子が戻らないなら、せめてこの悲しい出来事を機に世の中が変わってほしい。そう願う遺族の思いに早く気付くべきだ。無過失責任の話の前に学校や行政、専門家にはするべきことがある」

すみとも・つよし　関西大大学院博士後期課程単位取得退学。兵庫県川西市の子どもの人権オンブズパーソン調査相談専門員などを経て、2014年から京都精華大教授。教育学。主な著書は『新しい学校事故・事件学』(子どもの風出版会)。神戸市出身。

コラム

検証委資料、取扱いの不透明さ

事故検証委員会が行った関係者への聞き取りなど調査資料の保管先が決まらず、4年以上も宙に浮いていることが分かった。資料は当時の委員長が、事務局のコンサルタント会社・社会安全研究所(東京)に「当面の間」との約束で託した。税金を使って集められた貴重な資料が、明確な根拠のないまま民間企業に預けられた状態が続いている。

検証委は文部科学省が主導する形で設置され、2013年2月～14年1月に計9回の会合を開いた。費用5700万円は石巻市が負担した。14年3月に市に最終報告書を提出し、検証委は解散した。その間、震災発生時、学校にいた教職員11人中、唯一助かった男性教務主任に2回、計5時間の聞き取りをはじめ、児童10人、保護者、遺族、地域住民ら関係者へ計108回の聞き取り調査を行った。延べ196人、約187時間に及ぶ。

委員長を務めた室崎益輝・兵庫県立大大学院減災復興政策研究科長は検証委解散時、「当面の間、預かってほしい」と事務局の社会安全研究所に依頼。大学などに打診したが、引き受け手が見つからなかったという。

検証委の情報取扱規定は、聞き取り資料を検証以外に使用しないことを定めるが、保管の取り決めはない。同研究所は取材に「資料は電子データ化して保管し、紙の資料は全て廃棄した。

法的根拠はないが、当時の委員の『保存』という判断に従い、可能な限り保管したい」とメールで回答した。同研究所は、特別顧問の木村拓郎氏が1997年6月に設立した株式会社。資本金1000万円。株式会社は倒産や企業の合併・買収(M&A)のリスクがあり、歴史的な資料の一時保管先としては不適切との声も上がっている。

大川小津波訴訟の原告団長で遺族の今野浩行さんは、「仮に廃棄されれば、検証委が結論を導き出した経緯が分からなくなる。民間企業に一時保管されているため情報公開請求もできず、検証できない」と批判する。

石巻市教委学校安全推進課は「聞き取りは非公開を前提に実施しており、市や市教委が資料の提供を求めることはできないと認識している」と説明する。

室崎氏は「資料は検証委の存在の証しであり、廃棄することはない。中立公正の観点から当事者である市に戻すことは避けた。責任を持って保管先を見つけたい」と話した。

東日本大震災後、津波被害の原因究明に当たる第三者検証(調査)委員会が各地で設置されたが、有識者らで構成する委員らが聞き取った住民の証言など資料の取り扱いに統一ルールはなく、中には報告書を作成後に廃棄されたケースもある。震災の教訓を後世に伝える一次資料の保管の在り方が問われている。

多くの住民が犠牲になった釜石市の鵜住居《うのすまい》地区防災センターの調査委員会は2014年3月、

最終報告書をまとめた。住民の証言やアンケートなどは事務局の市が管理している。市危機管理課は「市が今後も忘れず背負っていくべき重大な案件。将来、活用する可能性もある」と永年保管する方針だ。

陸前高田市も市が検証委員会の事務局を務めた。電子データのほか、市民アンケートなどは紙の原本の状態で市が保管。市防災課は「検証内容にはさまざまな意見があり、報告して全て終わりではない」と話す。

釜石、陸前高田両市が保管する一次資料は公文書として情報開示請求の対象だが、石巻市大川小の場合、検証委事務局の社会安全研究所に一時保管され、今後の取り扱いは未定だ。遺族は特に教務主任への聞き取りの公開を求め、「本当に正しく検証されたのか判断できない」として、資料の永年保管と再検証を訴える。

名取市の検証委事務局は、一次資料を全て廃棄した。同市では750人以上が犠牲になった閖上《ゆりあげ》地区の被害を調べた検証委が14年5月に最終報告書を提出。しかし、遺族が訴訟を提起した8カ月後の15年5月、事務局の一般社団法人減災・復興支援機構(東京)が全て廃棄した。

木村拓郎理事長(前・社会安全研究所長)は16年10月、尋問後の取材に「元々、訴訟で使わないとの前提で市職員らにヒアリングした。証言が訴訟で使われることになれば、今後、災害が起きても誰も第三者委員会の質問に答えなくなる」と語った。

阪神・淡路大震災(1995年)の被災者らにインタビューした公益財団法人ひょうご震災記

念21世紀研究機構（神戸市）は、震災発生30年後の2025年に原則公開する方針だ。東日本大震災後は教訓の活用を目的に、同意を得た証言の一部を既に開示している。

気仙沼市の震災記録に携わった東北大災害科学国際研究所の川島秀一シニア研究員（民俗学）は「検証の独立性と透明性のバランスが重要」と指摘した上で、「一次資料は報告書にとどまらない事実に近づく上で貴重で、公的機関による一元的な管理など将来的な再検証にも活用できる仕組みが必要だ」と話す。

2　教訓——控訴審判決は何を問うたか

「事前防災に過失」

大川小の児童23人の19遺族が、市と宮城県に約23億円の損害賠償を求めた訴訟の控訴審判決で、仙台高裁は2018年4月26日、教員らの避難対応の過失のみを認定した一審仙台地裁判決を変更し、「学校は津波避難場所を定めておくべきだった」として市・県に計約14億3600万円の賠償を命じた。校長ら大川小の幹部と市教委に組織的な過失があったと判示した。学校の事前防災を巡り、法的責任を認めた司法判断は初めてだった。

小川浩裁判長は「校長らは児童を守るため、平均より高いレベルの防災知識を収集・蓄積しなければならない職務上の立場にある」と強調。一部学区が津波浸水予想区域を含み、校舎が北上川堤防から南に約２００メートルと近接することから「津波で浸水する危険性はあったと言うべきで、予見は可能だった」と認定した。

大川小の危機管理マニュアルが校庭からの避難場所を「近隣の空き地・公園等」としたのは「不適切」と指弾。校長らは遅くとも市教委にマニュアルを提出した２０１０年4月までに、堤防付近の三角地帯(標高6～7メートル)を経由した林道を避難場所と明記し、市教委は内容を確認して不備を指摘すべきだったと判断した。

マニュアル整備の段階で、保護者への児童の引き渡し手順や周辺住民との認識の共有を進めていれば、震災当日に約35分間、校庭に待機しなかったと指摘。「適切なマニュアルがあれば、地震発生から6分後の大津波警報発令時点で林道への避難を開始し、事故を回避できた」と結論付けた。

大川小では児童74人と教職員10人が津波で死亡・行方不明になった。16年10月の地裁判決は市・県に計約14億２６００万円の賠償を命じ、遺族と市・県の双方が控訴した。高裁判決を受け、石巻市の亀山紘市長は「大変厳しい結果だ。上告するかどうかは白紙。早い段階で方針を決めたい」と述べ、村井嘉浩知事は「今後の対応は、学校設置者の石巻市の意向を最大限尊重して決める」とした。

仙台高裁前で「勝訴」の垂れ幕を掲げ，心境を語る今野浩行原告団長（手前右端）ら遺族＝2018年4月26日午後2時40分ごろ

判決が言い渡された直後、遺族3人が仙台高裁前の下り坂を踏みしめるように歩を進めてきた。

「子供たちの声が高裁にも届いた」

この日はくしくも旧暦の3月11日。掲げた垂れ幕に遺族の思いが詰まっていた。7年間の苦労がようやく報われ、あふれる涙が止まらない。

「教育の原点は子どもを守ること。『行ってきます』と家を出たら『ただいま』と帰ってきてほしい」。佐藤美広さんは、3年だった一人息子の健太君を悼んだ。

判決文は、一審の4倍に相当する343ページに及んだ。その骨子を小川浩裁判長が20分かけて朗読した。

「校長や教頭、教務主任が児童の安全を確保するために必要とされる知識や経験は、地域住民の平均よりはるかに高いレベルでなければならない」

判決は、学校の安全に対する保護者の信頼は、法で保護された「根源的な利益」と認定し、避難場所や方法を事前に決めていなかった学校と市教育委員会の過失を厳しく指摘。時には自治体の被害想定すら疑う必要があるとして、教育関係者に極めて高い安全確保義務を求めた。

大川小が危機管理マニュアルを改訂した震災1年前の時点で、想定されていた宮城県沖地震による津波被害の危険を認識できたとして「備えに過失がなければ、児童は津波の犠牲にならずに済んだ」と言い切った。極限の状況下で教員個人の判断ミスだけを過失とした一審判決からの大きな転換だった。

原告団長で6年だった長男大輔君を失った今野浩行さんは「一審判決は疑問に思ったが、今回は余裕を持って子どもを救える、未来の命を守る判決だ」と安堵《あんど》していた。

控訴審　判決要旨

判決の要旨は次の通りである。

【概要】

一審仙台地裁判決は、教職員による児童の避難誘導に過失があったと認め、市と県に計約14億2600万円を支払うよう命じ、市側と遺族側の双方が控訴した。校長らと市教育委員会は、大川小の危機管理マニュアルを改訂し、児童を安全に避難させるのに適した避難場所を定めるべき義務を負っていたのに怠り、違法。計約14億3600万円の賠償責任がある。

【津波の予見可能性】

大川小は広大な流域面積を有する北上川と約200メートルの距離で隣り合い、川の堤防で敷地を隔てるだけだった。2003年6月の基準日から30年以内に99%という高い確率で発生が想定されていた宮城県沖地震で堤防が沈下して川の水が流入し大川小を浸水させたり、堤防が津波の破壊力に耐えられず破損し遡上《そじょう》した津波が大川小を浸水させたりする危険性を検討すれば、大川小が津波の被害を受ける恐れはあったというべきで、校長らが予見することは十分可能だった。

津波ハザードマップが示す予想浸水区域は、区域外に津波が来襲する危険がないことを意味していない。ハザードマップで想定されていた地震による津波発生時の避難場所として大川小が指定されたことは、結論として誤りだった。災害発生時の避難誘導では、児童は教職員の指示に従わなければならず、教職員は児童の安全に直接関わるハザードマップについて、独自の立場から信頼性を検討することが求められていた。市教委や校長らは地域住民が有していた平均的な知識および経験よりはるかに高いレベルのものでなければならない。

石巻市の地域防災計画は、地震で河川の堤防が決壊して周辺が浸水する事態も想定した上で防災計画を立案することが必要とされていた。大川小がある地区を津波の避難対象に指定していなかったが、北上川の堤防沿いに位置する大川小がある地区を避難対象から除外する合理的理由はない。大川小は浸水域に含まれていなかったが、被害を受ける危険性はあった。

【安全確保義務】

市教委は大川小の校長らに、危機管理マニュアルの改訂作業を2010年4月30日までに終えることを義務付けた。大川小のマニュアルには、北上川を遡上する津波が予想される地震が発生した場合、避難場所である校庭から速やかに移動する別の避難場所と、避難経路や方法をあらかじめ定めておく必要があった。

市教委は学校保健安全法に基づき、児童の安全確保を図るため、危険発生時に教職員がとるべき措置の具体的内容を定めたマニュアルを作成すべきだと指導し、内容に不備があるときは指導すべき義務があった。

災害時における児童の安全確保に万全を期する上で、教職員の災害時における具体的行動を記載したマニュアルの整備は重要だ。大川小のマニュアルには「近隣の空き地・公園等」と記載されているだけで、避難経路や方法は記載がなかった。校長は、児童を安全に避難させるのに適した避難場所を定め、避難経路と方法を記載するなどして改訂すべき義務を怠ったと認めるのが相当だ。市教委はマニュアルの内容を確認せず、不備を指摘して是正させる指導をしなかった。

大川小の計画では、児童が在校中に津波注意報または津波警報の発令があった場合、児童を保護者にいつ、どこで、どのような方法で引き渡すのかなどについて事前に保護者との間で協議し、周知しておく必要があった。だが引き渡しに関する事前協議と周知を定めた記載はなく、校長らとの間で協議をしたこともなかった。市教委は不備を一度も指摘せず、是正指導をしなかった。

石巻市は遺族が主張する避難場所はいずれも不適当であり、マニュアル中に避難場所を定め、避難経路や方法を記載する改訂は不可能だったと主張したが、周辺に隣接する高台として最も有力な避難場所の候補は「バットの森」だ。標高20メートルを超えた場所に緩やかな斜面が広がる場所がある。大川小から(児童らが避難しようとした)三角地帯を通過して「バットの森」の林道入り口までの距離は約700メートルで、低学年の児童でも安全に登ることができ、1年生の足でも約20分で到達することが可能。「バットの森」が避難場所として適当と校長らが判断すれば、住民と協議して大川小の避難方針を説得する作業を行うべきで、そのための時間は十分あった。雨風をしのいだり、水や非常食を保管したりできるプレハブ小屋の設置などを市へ申し出る義務もあり、その時間も十分にあった。

【結果回避】

被災した児童は午後3時前から午後3時35分まで大川小の校庭にいて、三角地帯に向けて避難を開始した直後に津波の被害を受けた。休暇で不在だった校長との間で事前に裏山を避難場所として検討していたが、正式に決めていたわけではなく、裏山への避難が危険だとの意見が出たことや、大川小に児童を引き取りに訪れる保護者らへの対応などに忙殺され、11人の教職員がまとまって避難場所を協議する時間がなかった。校長が安全確保義務を履行していれば、児童が津波で死亡する結果を回避できた。避難場所や経路、方法を定めていれば、防災無線を認識した午後2時52分の直後に避難を開始し、午後3時半までにはバットの森へ到達することができ、被災を回避できた。児童の引き渡しについて保護者と事前協議を行い、周知していれば、児童の引き取りに訪れる保護者の数を大幅に減らすことができ、保護者対応に忙殺され避難開始が遅れる事態を回避できた。

判決の翌日、『河北新報』は次のような社説を掲載した。

「大川小・控訴審判決／学校の事前防災　責任は重い」

子どもを預かる組織として適切な「備え」がなされていたかどうか——。学校に事前防災の責任とその重さを突きつけた判決といえる。全国の全ての学校で、安全管理の在り方をもう一度、詳細に検証すべきだ。

東日本大震災の津波で死亡・行方不明になった石巻市大川小の児童23人の19遺族が市と宮城県に損害賠償を求めた訴訟の控訴審判決で、仙台高裁は26日、事前防災の不備を認め、市・県に約14億3600万円の支払いを命じた。

控訴審の焦点は、平時における学校や市の防災体制の在り方だった。判決はそこに組織的過失を認め、過失がなければ児童らが犠牲にならずに済んだと判断した。学校の事前防災を巡り、法的責任を認めたのは初めてで学校現場に与える影響は大きい。

判決は校長ら学校の管理職と市教委の対応を批判し、児童の安全を確保するため、職務上の義務を果たすべきだったとした。保護者から子どもたちの生命を託される学校としては当然のことだ。

判決はさらに、大川小が北上川に近い立地条件などから震災前に地域の実情を検証していれば「津波の危険は予見できた」とした。一審では地震後に津波の到達を予見できたかどうかが争われたが、控訴審判決はそれ以前の備えに問題があったとした点が大きく異なる。

市が作ったハザードマップも学校を避難場所としたのは誤りだったと明確に指摘。学校が2010年3月に改訂した危機管理マニュアルについては、津波の避難場所や避難経路などを定めていれば、津波を回避できたと校長らの過失を認めた。市教委はマニュアルの検証と不備の是正指導を怠ったとしている。

こうした判決を市側は謙虚に受け止め、自らの誤りを深く反省すべきだろう。

遺族側が勝訴した一審の仙台地裁判決は、地震後の教員の避難誘導の判断ミスを認めたが、マニュアルについては、震災前に津波は予見できず、「具体的な津波避難場所や避難方法を明記すべき義務はなかった」としていた。

危機管理マニュアルは、09年4月施行の学校保健安全法で、全ての学校に策定が義務付けられた。今回の判決を踏まえ、各学校は単にマニュアルを作成するだけでなく、地域の状況に応じた適切な備えが求められる。不断に検討を加え、マニュアルの不備を是正する必要もある。

控訴審判決が指摘しているように、学校に最も求められるのは、保護者の信頼と児童生徒の安全だ。従って極めて高度の注意義務が学校には課せられており、子どもの生命を守るために考え得るあらゆる手だてを事前に講じておかなければならない。

安全な学校をどうつくるのか。児童74人、教職員10人が犠牲になった大川小の教訓を生かさねばならない。

（２０１８・４・27）

「やっとスタート」

判決後の記者会見には遺族15人が参加し、時折涙に声を詰まらせながら思いを語った。

「ほっとしている。子どもの命を救うために必要な主張が認められた」。長男大輔君を亡くした原告団長の今野浩行さんは、学校防災のあり方を左右する裁判の重責から解放され、安堵と喜びを語った。

二審は、一審で争われた現場の教職員が津波の襲来を予見できたかには触れず、震災前の備えに争点を絞った。高裁判決は避難場所などを定めた危機管理マニュアルの整備や指導における校長ら学校幹部と市教委の過失を認定。適切な備えがあれば、地震発生６分後には避難を開始できたと判断した。

「やっとここまで来たという思いと、７年もかかったという思い」。３年の長女未捺《みな》さん（当時９）が犠牲となった只野英昭さんは複雑な胸中を明かし、「やっとスタートライン。悲劇を繰り返さないために、行政や学校も同じ方を向いて進むことを願う」と語った。

津波襲来に至る約50分間の真相は明らかになっておらず、唯一生き残った男性教務主任の証人尋問も実現しなかった。今野さんは二審が問わなかった市教委の事後対応も念頭に「検証の再開につながる」と期待を込めた。

一審判決時は被告側が即座に控訴を判断した。6年の三男雄樹君を失った佐藤和隆さんは「判決には、県と市が何をするべきか明記されている。子どもの命を守るための判決を重く受け止めて判断してほしい」と上告断念を強く訴えた。

佐藤美広、とも子さん夫妻――健太はいつも心の中に

一人息子の「ただいま」の声が聞けないまま、7年余りの月日がたっていた。大川小津波訴訟の控訴審判決言い渡しから約15分後、原告副団長の佐藤美広さんが仙台高裁前で原告仲間と一礼し、判決内容を示す垂れ幕を掲げた。

「子供たちの声が高裁にも届いた」

上着のポケットに小さな軟球を入れていた。大川小3年だった健太君の形見。震災前まで、この球で親子でキャッチボールを楽しんでいた。健太君は2年の秋、スポーツ少年団「大川マリンズ」で野球を始めた。下級生ながら公式戦に出場し、ヒットを1本打った。「どこの高校が強いの？プロ野球選手になっかな」。大きな夢を描いていた。

生きる希望を失った佐藤さんと妻とも子さんは、何度も命を絶とうと考えた。ただ、息子が巻き込まれたのは、戦後最悪とされる学校管理下で起きた事故。「しょうがねえ、で済ませたくない」との思いで踏みとどまった。

17年夏、夫婦で健太君の遺影と共に兵庫県西宮市の甲子園球場を訪れた。バックネット裏近くで全国高校野球選手権大会の開会式を見守った。力強く行進する球児たちに、白球を追っていたわが

子の姿を重ね合わせた。生きていれば高校1年。「夢を追える。それだけでいい」。２人の目に涙があふれた。

18年４月26日の高裁判決後、原告が掲げた３枚の垂れ幕の中には「勝訴」の２文字も。目を凝らすと、原告19遺族の児童23人の名前が小さな字でつづられていた。

佐藤さんは、「『行ってきます』と家を出た子どもを、『ただいま』と帰すのが教育の原点ではないか」と強調する。とも子さんは「裁判には勝ったけれど悔しい。助かったはずの命だと思う」と素直に喜べない。やりきれない思いは募るが、夫婦で必死に真実を追い続けた7年だった。「健太は心の中にいつもいる」と語る佐藤さん夫婦に今、息子の声がはっきりと聞こえる。

「おっとう。おっかあ。7年間、俺のことを思って頑張ってくれたな」

コラム

学校の安全　最善の道へ――教育専門家の見方

控訴審判決は、事前の備えを放置した校長ら学校幹部と市教育委員会の組織的な過失を認め、それぞれに安全確保の義務を課した。求められる教育行政や教員の資質とは何か。教育専門家の３氏に判決への評価と、「学校の安全」の実現に向けた課題を聞いた。

防災指針　有効か検証を――国士舘大准教授　堀井雅道氏

学校防災の問題を真正面から捉えた画期的な判断だ。２００９年４月に施行された学校保健安全法の意義を踏まえ、防災指針となる危機管理マニュアルについて学校と教育委員会それぞれの法的責務・役割を具体的に示した点は大きい。

特に、市教委には内容を是正・指導すべき義務があったと認めた。防災を含めたさまざまな対策が学校任せになりがちな中、教育行政の果たすべき役割に言及したことは意義深い。教育関係者は学校や地域の実情に応じたマニュアル改訂が強く求められる。学校防災関連の国の通知・手引などをもう一度独自に検討し、想定を尽くした具体的な対策が欠かせない。

「臨機応変」は確かに大切だが、ゼロからではかなりハードルが高い。子どもを預かる学校の臨機応変の幅を少しでも減らし、迅速に安全を確保する作用がマニュアルにはある。現場にいた教頭は校庭から次の避難場所を判断できなかった。適切なマニュアルを事前に作り、校長は内容を教職員と共有しておく法的義務があった。

第二の大川小を生まないために、津波が想定されていない地域や学校も「決して人ごとではない」と認識したい。学校はマニュアルを確認し、地域の実情について自治体の防災計画やハザードマップなどを考慮した上で、全教職員で改善点を検討することが必要だ。

教委も事前防災を学校任せにせず、自治体の防災行政と連携しながら、実効性のあるマニュアルの策定に向けて指導や助言、積極的な人的支援を進めていかなければならない。

大川小事故を受け、マニュアルの見直しや防災教育の充実が各地で進む。判決を受け、本当に学校と地域の実情を反映した内容になっているか、災害発生時に本当に有効か、改めて検証してほしい。マニュアルの内容は子どもや保護者、地域住民の視点から検証することも大切だろう。

教育現場は多忙化が進み、根本的には教職員定数の改善を含む法改正を要請したい。国は被災の危険性が高い自治体や学校に対して最新の知見・事例を提供し、マニュアルの改善を支援すべきだ。

高裁は大川小を地域の避難場所に指定したこと自体を誤りと判断した。自治体が想定を改めるのはもちろんだが、市民も行政の情報をうのみにするのではなく、日常的に防災意識を高め、災害発生時には常に最善を尽くした主体的な避難行動が求められる。

ほりい・まさみち　教育法学。早大大学院文学研究科教育学専攻博士課程単位取得退学。2016年4月から現職。日本教育法学会特別委員会に所属していた04年に「学校安全法」要綱案を公表。学校安全全国ネットワーク副代表。主な著書に『みんなの学校安全』(エイデル研究所)。

閉鎖的教育行政　改めて――元明治大教授　三上昭彦氏

仙台高裁は、子どもの生命や身体の安全を確保することが学校保健安全法上、教育委員会と学校の「根源的義務」だと認定した。災害が起きる前の時点で適切な対応・準備をし、安全確保の義務を果たさなければならないと示した点で踏み込んだ判断と言える。

仙台地裁は被災7分前に初めて津波が予見できたとし、教員の避難誘導ミスを過失とした。だが、切羽詰まった状況で教員は正しく判断できただろうか。地裁の論旨には多くの問題が指摘されていた。

高裁判決は「震災前」に着目し、市教委や学校の組織的な対策を吟味した。校長ら幹部が大川小の立地条件などを考慮した適切な危機管理マニュアルを作らず、市教委は提出された内容を点検・指導する義務を怠った、と認めた。

安全を確保する「根源的義務」を果たすには、まず管理職と教職員に子どもの命と尊厳を守り切るための(1)子ども観、(2)力量、(3)資質――が必要となる。教員研修のあり方も改めて考えたい。噴火や地滑りなど、日本列島では災害が頻繁に起きている。全国共通のリスクと各学校が置かれた個々の特性について、教員は把握してほしい。

学校は子どもを集団で預かる特殊な場所で、高い安全配慮義務が課されている。一方、現場は多忙だ。行政が防災研修などを行っても教職員1人1人にまで十分共有されていない現実がある。国を含めた教育行政は、こうした事情を踏まえて条件整備する必要がある。私たち教育に携わる専門家を含めた関係者も、より良い環境を追い求めていかなければならない。

防災は教育行政だけではカバーできない。多様な災害から安全・確実に身を守るには、土木など一般行政部門との連携が非常に重要だ。

判決は学校管理職や教職員が平均3年程度で異動する宮城県の人事政策にも触れ、「学校の実情を継続的に蓄積できる体制になっていない」と指摘した。学校も教委も閉鎖的で、地域に根ざした体制になっているとは言えない。上意下達の学校管理政策などをはじめ、教育行政全般の抜本的な改革が不可欠だろう。

防災は教育学全体の中で、これまで非常に隅に位置付けられてきた。大川小事故が提起するさまざまな問題を受け止め、真摯に対応していかなければならない。

みかみ・あきひこ　教育行政学。東大大学院教育学研究科博士課程単位取得退学。明治大元教授で2013年定年退職。日本教育学会、日本教育法学会などの理事、『季刊人間と教育』初代編集長などを歴任。主な著書に『教育委員会制度論』（エイデル研究所）。鎌倉市生まれ。

教員の多忙化解消が急務――和光大准教授　制野俊弘氏

控訴審判決は、いざという時、学校側が地域住民の意向を乗り越えてでも「子どもの命を守る」ことを強く要請した。現場にとって非常に厳しい判断と言える。

事前防災の実効性を担保するには、校長ら教員が高度な知識と経験を持っていなければならない。そのためには絶えざる研修が不可欠で、人的・財政的措置を講じる必要がある。学校側が身に付けた高度な知識や経験を地域住民と共有し、学校が「地域の防災センター」の役割を果たすことも求められる。

だが、実現するには「学校の多忙化」という大きな関門がある。教員の業務量は既に限界を超えている。仕事の持ち帰りや土日出勤が当然視され、特に小学校の教員は朝から晩まで働きづめだ。「子どもの命を守り抜く学校」「命を真ん中に置いた学校・学級づくり」に取り組みたくても、物理的な時間も精神的な余裕も全くないのが現状だ。

仮にマニュアルを精緻に作っても、「命を吹き込む」のは現場の教員たちだ。校長ら幹部と教員がじっくり膝を交え、「子どもの命」について話し合える時間の確保や、精神的なゆとりをどう保障するかも問われる。

災害時、学校が臨機応変に判断を下せる体制が整っているかどうかも大きな課題だ。学校は教員独自の判断やワンマンプレーが極度に嫌われる世界で、教員の判断力は次第に鈍っていく。教員の考課システムが強化され、多くの学校で「思い切ってやってごらん」という風土が薄れている。教員は、「どうしますか」と校長にお伺いを立てる習性が染み付いている。

教科書やマニュアル通りの授業を行い、及第点だけを目指す「事なかれ主義」が横行する学校ほど、災害時の危険度は増す。職員が堂々と意見を言える学校づくりが大切だ。

今後はあらゆる教科や行事などを命という視点で総点検した上で、地域住民と防災についてじっくり話し合う環境整備を進めなければならない。それが、大川小の教訓を正しく引き継ぐ最善の道ではないか。

大川小事故は現場の教員１人１人の問題ではない。硬直化した教育システムの問題点が露見したと捉えるべきだ。

せいの・としひろ　教育学。宮城教育大大学院修了。東松島市鳴瀬第二中在職時に被災。同市鳴瀬未来中教諭を経て２０１６年４月から現職。著書に『命と向きあう教室』(ポプラ社)。東松島市出身。

取材班は、石巻市と県の上告を前に、次のような記事を掲載した。

学校と命

「学校防災が大きく前進する」「教育現場に重責を課しすぎている」。控訴審判決は賛否が分かれるが、最も大切なのは、これを「学校と命」の在り方を再考し、二度と悲劇を繰り返さないための契機としなければならないということである。

何度も大川小を訪ね、胸に問う。「あの日、自分が先生だったら、子どもたちを救えたか」と。巨大地震の恐怖に震え、目の前には約１００人の児童がいた。裏山は目の前だが、万が一、余震で崩れたら…。校庭で過ごす45分はあっという間だったのかもしれない。

仙台高裁は「救えた命」と判断し、鍵は「震災前の備え」だと明確に示した。

判決は当時、宮城県沖地震(連動型)が近い将来、高い確率で起きると叫ばれていた事実を踏まえ、対策が十分だったかどうかを検討した。想定通りの地震が起きれば、揺れや津波で堤防は壊れる恐れがあったのに、避難場所さえ決めていなかった校長ら学校側の過ちを指摘。市教委にも防災対策を確認・指導してこなかった落ち度を認定した。

司法は「学校は安全で、安心して児童を通わせられる場所でなければならない」という法解釈を全ての判断の根底に据えた。それは、子を持つ親にとってごく当たり前の信頼だった。

一審の仙台地裁は襲来直前の「7分前」に津波を予見でき避難判断を誤ったとして、現場にいた教員だけに責めを負わせた。一方、高裁判決は学校側が適切に防災に努めていれば「1年前」には危険を認識できたと認めた。事故原因の本質を見極め、従来の津波訴訟より大きく踏み込む判断は、犠牲となった教員や遺族が背負ってきた重荷を解くことにもなった。

2016年11月、亀山紘市長と村井嘉浩知事はそろって「亡くなった教員の責任にするのは酷」と控訴に踏み切った。高裁は教員個人ではなく、市教委と学校の組織的な過失へと転換した。控訴の理由は消え、逆に組織全体の責任が厳しく問われる格好となった。

大川小事故で「組織」の在り方は、市教委の心ない事後対応を含めて当初から一貫して問われていた。1月23日の口頭弁論で、遺族の女性は「教員は本来間違っていることを正し、諭し、導く職業のはず。それなのに間違っていると分かっていても『正しい』と言い、見たくないものは見えないふりをする」と語り、大川小事故をめぐる教育組織の姿勢を批判した。

組織に属せば、最も大切なものが見えなくなることがある。石巻市教委と大川小はそれが「命」だった。

判決は教育関係者１人１人に命を預かる覚悟を強く問うてもいる。重い責務を自覚し、司法が求める水準と現実との間に乖離があるのならば、国をはじめとした教育行政は早急に環境を整備すべきだ。石巻市と宮城県は、その先頭に立ってほしい。

判決が言い渡される直前、高裁に隣り合う小学校から元気な歌声が聞こえた。「あはは」と笑いながら、小さな手を大きく振っている。当たり前の光景が、大人たちの怠慢によって一瞬にして奪われてしまうことを「大川小の悲劇」が物語っている。学校は、今度こそ安全で安心できる場所に変われるだろうか。市と県は、事前防災の不備によって未来を奪われた74人の児童と10人の教職員の無念に真摯に向き合ってほしい。

（２０１８・５・４）

「バットの森」

控訴審判決で、仙台高裁は危機管理マニュアルに事前に記載しておくべき避難場所として「バットの森」を挙げた。判決文を読み解きながら、避難経路を歩いた。

バットの森は、大川小から約７００メートル離れた市有林で、標高20メートル以上の高台にある。07年11月、全校児童と教職員、保護者ら約３００人がバットの原木となるアオダモなど約５５０本を植樹。少なくとも震災当時の４～６年生は訪れたことがあった。

大川小の校庭（標高約１メートル）から県道を通り、震災当日に児童らが目指した北上川の堤防道路（三角地帯、標高６～７メートル）まで約４分。国道３９８号を雄勝方面に向かう。片側１車線の道路

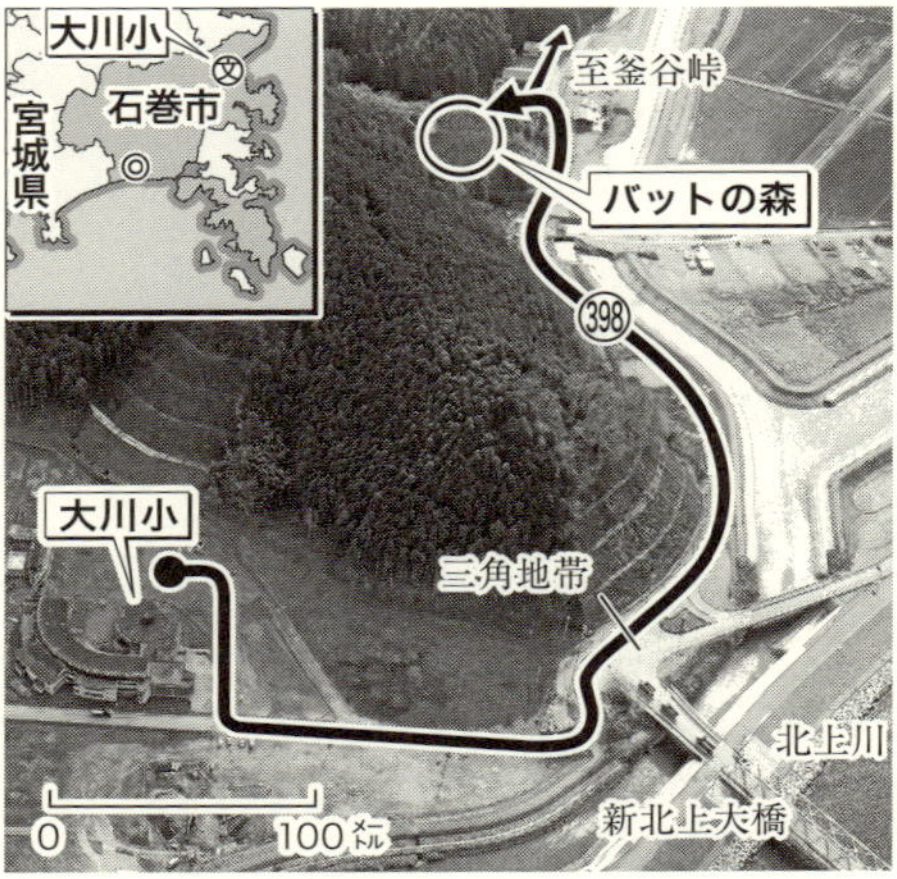

高裁判決が避難場所として指摘した「バットの森」

には大人２人が並べる幅の歩道がある。緩やかな下りは最も低い場所で標高約２メートル。津波到達の碑があり、その先は浸水していないことが分かる。

約11分後、大川小の裏山に通じる林道の入り口に着く。整備された坂道を約３分上ると、バットの森だ。校庭からは約14分。低学年を含む大勢の移動を考慮しても、20分あれば到達できる。児童が植えた苗木は高さ５メートル余りに育っていた。

高裁判決は、原告が強く主張した裏山への避難は「崩落の危険性」から不適当とした上で、バットの森を「最も有力な避難場所の候補」として、10年度作成の危機管理マニュアルに明記すべきだったと指摘した。被告側は「学校から距離があり避難場所として不適切」などと主張したが、判決は校長ら学校幹部が地域と協議したり、雨風をしのぐ小屋、照明の整備を市教委に相談したりしていればクリアできたと退けた。

避難経路は、川沿いの三角地帯を通るという難点を抱える。しかし判決は、地震６分後に大津波警報を知らせた防災無線を受けた早期の避難開始で十分に回避できると結論付けた。高裁の小川浩裁判長らは17年10月の現地視察の際にバットの森を訪れており、これらの認識を早期に固めていたとみられる。

原告の只野英昭さんの長男で、5年時に被災し奇跡的に助かった長男哲也さん(18)も植樹に参加した1人だ。只野さんは「児童の半数が来たことがある場所。事前に周知や訓練し、整備されていれば避難に適した場所になったはずだ」と判決に理解を示した。

津波予見を高裁は宮城県沖地震で判断した——判決解釈に広がる誤解

18年5月7日、亀山紘・石巻市長が上告方針を表明した。亀山市長は報道各社の取材に「事前に東日本大震災を本当に予見できたのだろうか。皆さんにも聞きたい。われわれには想定できなかった大災害だ」と強調し、主な上告理由についても「東日本大震災は想定外だった」との認識を示した。

ただ、判決は「大川小校長らが予見すべき対象は東日本大震災の津波ではなく、04年に想定された『宮城県沖地震』(マグニチュード8・0)で生じる津波」と明言している。予見すべき津波をめぐり、亀山市長の認識と判決文には食い違いがあり、インターネット上にも同じような誤解が広がった。

判決は、宮城県沖地震が起きた場合、近くの北上川堤防が揺れで沈下したり、遡上《そじょう》津波で壊れたりする危険があったと指摘。地震や津波で堤防が壊れた事例は震災前にも複数あり、さまざまな文献などでこれまでも紹介されていた。

高裁は「校長らに必要とされる知識や経験は住民の平均よりはるかに高いレベルでなければならない」とした上で、「詳細に検討すれば、大川小が津波浸水予想区域外だとしても、津波の危険を予見することは十分できた」と結論付けた。判決は、危険を認識できた以上、校長らには宮城県沖地震に備える安全上の義務があったのに、避難場所さえ決めていなかったことを学校の過失と認定した。

司法が判断の大前提とした「予見すべき地震」は東日本大震災ではなく、高い確率で起きると言われ続けてきた宮城県沖地震であることを改めて銘記しておきたい。

津波の予見可能性に関する判決骨子

- 大川小校長らが事前に予見すべきだったのは東日本大震災の津波ではなく、２００４年に公表された「宮城県沖地震」で発生する津波
- 宮城県沖地震が発生した場合、北上川堤防は揺れや遡上津波で沈下・損壊し、約２００メートルしか離れていない大川小は浸水する危険があった
- 立地条件や当時の知見を詳細に検討すれば、大川小が浸水予想区域に含まれていなかったとしても、津波の危険を予見することは十分できた

石巻市議会は僅差で「上告」を可決

上告するかどうかの判断について、市議会臨時会は18年5月8日、市が提出した関連2議案を僅差で可決した。賛否が交錯した議論が終結し、議場に緊張が走った。遺族らが身を乗り出して見つめる中での採決。閉会後、丹野清議長は「どっちに転んでも正解はないと思う」と苦渋の表情で語

った。

臨時会は午後1時開会。上告関連議案の審議は午後4時半に始まった。上告に反対する2議員が緊急質問で口火を切った。阿部利基議員(ニュー石巻)は、校長らによる津波の予見可能性について「現地で知り得る情報が多い点からみて、学校管理下ではもっともな判決内容だった」と控訴審判決を支持した。

続く高橋憲悦議員(同)は亀山紘市長が上告を決めた議論の過程をただし「事故が起きれば責任が伴う。市長の独断で上告を決めた責任は重い」と強調した。

討論は賛成、反対ともに2人ずつ行った。反対議員は「控訴審判決は子どもの命を徹底して守ることこそ学校と教委の根源的な義務であると判断した。判決を謙虚に受け止めるべきだ」と主張。賛成議員は「今後の全国の学校防災の充実強化につながるという大きな使命がある。高裁判決ではなく、最高裁の判例としての価値が必要だ」と訴えた。

採決は賛成16、反対12の4票差。16年10月に控訴関連議案を6票差で可決した臨時会以上に際どい結果となった。丹野議長は閉会直後、「なんかもやもやが残るような感じ」と複雑な心境を吐露。「市議選(18年5月13日告示、20日投開票)が迫る中、思いを語るのは大変だったろう」と各議員の決断をおもんぱかった。

亀山市長は閉会後、直ちに宮城県庁に向かい、村井嘉浩知事に結果を報告した。終了後の取材で可決の瞬間を振り返り、「無我夢中で終わった。ほっとしたということではなく、非常に緊張した状態がずっと続いていた」と厳しい表情のまま語った。

上告提起の議案が市議会で可決されたことを村井知事に報告した後，報道陣の質問に答える亀山市長＝2018年5月8日，宮城県庁

東日本大震災から7年、提訴から4年。法廷闘争の終わりは再び遠のいた。「大義なき上告だ」。審理継続を支持した石巻市議会の判断に、原告の児童遺族は憤りを隠せなかった。

「新たな失望を感じた」。6年の三男雄樹君を失った佐藤和隆さんは、可決は覚悟していたものの、肝心の議論に落胆した。「上告は権利だが、市民の代表である市長と市議に上告の大義が見られなかったのが残念。悲しい」。3年の一人息子健太君を亡くした佐藤美広さんは「7年たっても『天災で仕方なかった』と言い続け、責任をあやふやにする姿勢に憤りを感じる」と語った。

実質約2時間の議論を児童遺族約10人が険しい表情で見詰めた。5年の長男達也君(当時11)、2年の長女美咲さん(同8)を亡くした狩野正子さん(46)は「やるべきことをやっていなかったという大事な問題がすり替えられた議論で、不信感が深まった」。５年の次女千聖《ちさと》さん(同11)を失った紫桃隆洋さん(53)は「上告理由に挙げた『判決に科学的根拠がない』という部分がどこなのか、市長の話では分からなかった」と釈然としない様子だった。

長男大輔君が犠牲になった原告団長の今野浩行さんは、妻ひとみさんと共に傍聴に臨んだ。審議で特に問題視したのは、亀山紘市長らが今後の学校防災の推進に向けた「最高裁の判例で国に動いてもらう」という言葉だ。

「子どもの命は道具ではない。防災を率先して発信すべき市長が、亡くなった74人の命に向き合おうとしていない。責任転嫁だ」と指摘した。

上告理由に残る疑問

村井嘉浩知事は18年５月９日の県議会全員協議会で控訴時同様、市と同調し、専決処分で対応する考えを示した。

亀山紘市長が示した５項目の上告理由は次ページの表の通り。特に、市長が強調した(1)と(2)の２点に着目したい。２００８年策定の市地域防災計画は「市は、地震により堤防が決壊した場合に(中略)対応する計画が必要」などと記載。高裁は同計画を踏まえ「宮城県沖地震が起きれば堤防が損壊し、周辺が浸水するという知識は市自身が活用していた」と判断した。

ハザードマップの基となった県の地震被害想定(04年)は、市町村が活用する際の留意点として

表　石巻市の上告理由

(1)	震災前，河川堤防の決壊による大川小の浸水を学校や市教委が予見するのは不可能に等しい
(2)	津波ハザードマップは，学校や市教委が独自に信頼性を検討することは求められていない
(3)	大川小の津波避難場所指定を校長と教頭が誤りと判断し，指定を外すよう市教委に申し出ることは当時の知見ではできなかった
(4)	地域の実情に最も精通するのは住民であり，震災前に学校や市教委が津波に対する住民の認識を改めさせることは困難
(5)	震災前に大川小が津波で浸水することは予見できず，危機管理マニュアルに津波避難場所を定める法的義務はなかった

「調査結果を概略の想定結果と捉え、より詳細な検討が必要」と要請していたが、石巻市はそのまま使っていた。この点も高裁は指摘した。亀山市長は9日、取材に「県が求めていたとしても、石巻市では難しい」との認識を示した。

市議会の論戦では、高裁判決を誤解しているとみられるやりともあった。市議の1人は「司法判断は東日本大震災をあまりに軽視している」と非難し、上告に賛成した。前日、同様の発言をした亀山市長は別の議員から真意を問われ、「判決は宮城県沖地震の予見可能性を吟味したと理解している」と修正した。

高裁判決は「大川小校長らが予見すべき対象は東日本大震災の津波ではなく、04年に想定された『宮城県沖地震』(マグニチュード8・0)で生じる津波」と明言。判決文を誤解したままの採決だったとすれば、84人の犠牲者は浮かばれない。

実質2時間の質疑・討論で発言した市議は6人。議論が尽くされたとは言えないが、13日告示の市議選を控える中で臨時会を開き、討論した点は評価できる。議決機関としての役割を果たせなかった県議会は、議会が再び軽んじられた点を深刻に受け止めるべきだ。

亀山市長は「国全体の問題として今後の防災の在り方を最高裁で議論し、国に指針を示してほしい」、村井知事は「判例になれば、事前防災の大きな義務が教育現場に課される」などと上告理由を述べた。

最大被災地の石巻市、宮城県のトップこそ、全国に学校防災の在るべき姿を発信する役目があるはずだ。「子どもたちの命は絶対に守る」――。国任せではない、被災地発の覚悟を発信する機会は再び失われた。

発言変遷　揺れる知事

当時、村井嘉浩知事の発言は揺れていた。市と県が敗訴した控訴審判決に疑問を呈した県議会答弁が徐々に後退。事前防災について「不備はない」と言い切った発言も修正した。県トップの説明が変遷する中、上告審の手続きが進められていた。

村井知事は18年5月9日、県議会全員協議会で上告の方針について説明し、先に上告を決めた学校設置者の石巻市に足並みをそろえる考えを示した。その上で「当時、震災は想定できなかった」と繰り返し強調。「何か起きた時、その時点の知見を超えた場合に全て校長、市教委が悪いというのは無理がある。今回はそういう裁判であり、行き過ぎだ」と批判した。

しかし、高裁は東日本大震災を予見し、事前に備えるよう求めたわけではない。

判決は「市教委、大川小校長らが予見すべき対象は東日本大震災の津波ではなく、04年に想定された『宮城県沖地震(マグニチュード8・0)』で生じる津波」と明示。高い確率で起きるとされた宮

大川小津波訴訟の上告理由に関する県議の質問を聞く村井知事＝2018年5月9日午前，県議会

城県沖地震による津波に備える安全上の義務があったのに、避難場所を決めていなかったことなどを過失と認定した。判決の大前提を踏まえていないと受け止められかねない答弁。村井知事は同月14日の定例記者会見で、「誤解を招く内容だった」と釈明した。

控訴審の最大の争点となった事前防災について、県議会で「不備は認められません」と明言したが、会見で「宮城県沖地震に十分対応していたと考えているが、現時点で判断しかねる、というのが正直な気持ちだ」とトーンダウンした。

会見では「児童と教職員の命は救えた命か」と問われた。村井知事は「私は判断できない。上告審の判断が出る前に申し上げるのは控えたい」。被災地として発信すべき学校防災のあり方についても「上告審の判断が出てから改めて申し上げたい」と明言を避けた。県議会旧民進系会派「みやぎ県民の声」の遊佐美由紀県議は、「県民の命と財産を守る県トップとして責任の重さが見えない」と指摘した。

原告団長・今野浩行さんの受けとめ

提訴から4年2カ月。児童23人の19遺族の先頭に立った原告団長の今野浩行さんは、一審に続く勝訴にも「やるべきことをやっていれば子どもたちは死なずに済んだ」との思いを募らせている。被告の石巻市と宮城県が上告した後、話を聞いた。

〈仙台高裁の控訴審は事前防災が最大の争点となった。原告の主張がほぼ認められたが、原告はジレンマを抱える〉

われわれの主張が認められれば認められるほど、助かった命、助けなければならなかった命ということになる。事前に市教委や学校側がやるべき備えをしていれば、子どもたちは死なずに済んだことが明らかになり、複雑な心境だ。

一審では津波が襲来する7分前で津波の予見可能性を認めたが、これでは同じ悲劇を繰り返す。高裁判決後、墓前に判決文を置き、「判決内容を実施すれば同じ悲劇が防げる」と報告した。

裁判に勝っても子どもたちが味わった恐怖が和らぐことはない。津波にのまれ、もがき苦しみながら死んでいった事実は何も変わらない。残念だが、過去は変えられない。ただ、この判決が「学校防災の礎」となり、大川小の悲劇を教訓にして未来の子どもたちの命を守ってほしい。

〈一審同様、証言メモの廃棄や市長の「自然災害の宿命」発言など、事後対応は不法行為と認定されなかった〉

二審で市教委と学校による遺族への事後対応と、現場の先生の責任が不問とされた点は不満が残

今野浩行さん

る。市教委の事後対応に法的責任はないとされたが、メモ廃棄などは許される行為ではない。

被災地全体を見渡しても、学校管理下で多数の児童が犠牲になったのは大川小だけだ。子どもは自分の判断では動けない。あの場では先生の避難指示に従うしかなかった。教員としての責任は残ると思う。

〈高裁判決は約14億円の賠償を認めた。一方、遺族はインターネット上などで「金目当て」など誹謗《ひぼう》中傷にさらされ続けている〉

最初は腹が立ったが、最近はネットは見ていない。ネットで誹謗中傷する人も賠償金に関心を持つ人も、大川小で何があったのかは分かっている。

問題は、海や川の近くに住みながら無関心な人たち。万が一、また子どもたちが犠牲になったら、何のために誹謗中傷に耐えてきたのか分からなくなる。どんな形であれ、大川小事故に興味関心を持ってもらいたい。無関心が一番怖い。

〈最高裁の判断が出るまでさらに時間がかかる〉

原告は自分も含めて年上の順から大病を患っている。原告ではないが、亡くなった遺族もいる。

生きているうちに判決を聞きたい。原告が1人も欠けず、その日を迎えることが最大の目標だ。

最高裁の判断に期待するのは、次のステップに進めるかどうか。未来の命を真剣に守ろうとする仲間たちと検証を続けていきたい。裁判が終わってから、本当の戦いが始まる。

コラム

最高裁受理は狭き門——弁論があれば判決見直しも

石巻市大川小津波訴訟で、被告の市と宮城県は最高裁への不服申し立てとして(1)上告提起、(2)上告受理申し立ての両方の手続きを取った。最高裁は上告に十分な理由があると判断すれば下級審判決を破棄して差し戻すか、自前で判決を下す。ただ、その門は極めて狭く、地裁や高裁とは裁判の性格も異なる。
(1)は既存の判決に「憲法違反」や「重大な訴訟手続きの違反」などがある場合に限って認められる。司法統計によると圧倒的多数が棄却決定され、2016年に終局した民事訴訟1970件のうち、上告理由があるとして下級審の判決を破棄したのは5件(0・25%)にすぎない。
(2)は判決に「最高裁などの判例に違反」があるケースに加え、「法令解釈に関する重要事項を含む」事件も受理され、その場合は最高裁が統一的な法令解釈を示す。不受理がほとんどで、16年に終局した2506件のうち、受理して下級審判決を破棄したのは22件（0・88％）だった。

長官と14人の最高裁判事で全事件を担当する。（1）（2）とも審理期間は平均4カ月弱ほど。判決を下す場合は平均20カ月ほど要し、2年を超えることもある。事実関係を審理する地裁・高裁とは異なり、最高裁は下級審の事実認定を基に「法律をどう適用すべきか」を判断する。口頭弁論が設けられることは少なく、弁論期日が指定された場合、控訴審判決が見直される可能性が高くなる。

最高裁判決は地裁・高裁判決と比べて非常に強い拘束力を持ち、先例的価値が高い。一方、大多数の事件は上告理由を満たさず控訴審までの判決が確定するため、「事実上の二審制」との見方もある。

市と県は仙台高裁判決が示した学校保健安全法の解釈などについて不服の理由書を提出する見通しで、当面は弁論が開かれるかが焦点となる。

3　波紋——学校の事前防災

川沿いの学校は対策が急務

仙台高裁判決は、学校と教育委員会に、「河川堤防は万全ではない」との防災知識を求めた。専門家は「河川沿いに立地する学校は多く、全国で早急に考えなければならない」と警鐘を鳴らす。「当時想定されていた宮城県沖地震（マグニチュード８・０）が起きれば、揺れや遡上《そじょう》津波で堤防が損壊し、大川小が浸水する恐れがあった」。高裁判決はこう指摘し、市教委と学校が避難場所などを事前に決めていなかったことを過失とした。

「地震の揺れや津波で堤防は壊れ得る」との知識は、当時の教育関係者に浸透していたか。亀山紘市長は「学校や市教委が津波浸水を予測するのは不可能に等しい」、村井嘉浩知事は「過大な義務だ」とそろって批判した。しかし、石巻市は２００８年、大川小より約２キロ上流にある同市福地など広範囲にわたる堤防沿いの地域を「津波避難対象地区」に指定しており、高裁は「市自身、堤防が壊れ、浸水被害が生じると予測していた」と判断した。

震災前、地震で堤防が壊れ、津波が浸水したケースは度々あり、複数の文献で紹介されていた。判決は（１）１９６４年の新潟地震、（２）83年の日本海中部地震、（３）93年の北海道南西沖地震

――を挙げ、いずれも液状化などで堤防が損壊した後に遡上津波が押し寄せ、陸側が浸水したことに言及した。

78年の宮城県沖地震（震度5）でも大川小近くの北上川堤防が約80センチ沈下し、亀裂や段差が生じた。「（高い確率で起きるとされた）次の宮城県沖地震で大川小周辺は『震度6強』が想定され、堤防が壊れる危険は予測できた」。判決はこう認定した上で、校庭を少し掘れば水が出るなど大川小周辺が液状化しやすい地盤だったことにも触れた。

大川小は市津波ハザードマップで浸水予想区域外だった。津波は学校近くの河川を高さ3メートルで遡上し、高さ約5メートルの堤防より低い想定だったが、判決は「地震の影響や川を逆流する場合に堤防に働く水の力が考慮されていない」と指摘した。マップについても「児童生徒の安全に直接関わり、市教委と学校は独自に信頼性を検討する必要があった」と判断した。

河川遡上津波に詳しい滋賀大の藤岡達也教授（学校安全）は「河川沿いで地形条件の悪い学校は非常に多く、豪雨災害などでも被害は繰り返されてきた」と説明。南海トラフ巨大地震などへの備えについて「学校だけでなく、社会全体で河川遡上津波の怖さを共有することが重要だ。学校や教育委員会は専門家の協力も得ながら、最悪を想定した災害への備えが求められている」と語った。

「事前防災」の意味

仙台高裁判決は全国の教育現場に「子どもの命をどう守るか」という重い問いを再び突き付けた。大川小事故を機に教育現場に広がる波紋を追った。

教員志望の学生に震災当時の様子を説明する千田氏(右端). 子どもの命を預かる責務を繰り返し説いた＝2018年2月12日, 大川小

18年2月12日朝、愛知や東京などの大学生8人が大川小を訪れた。宮城教育大が行う被災地研修の一環で、教員志望者を中心に16年度以降、計約180人が参加している。

「命を守るためには『これくらい大丈夫』という意識では駄目。何も起きなければ笑って済ませばいい。だから最善を尽くせ」

引率した元小学校校長の千田康典・教育支援コーディネーターが強調した。大川小で犠牲になった教職員10人の中には元同僚や同級生がいる。彼らの「後悔」を無にせず、「子どもをどう守るか」を教員の卵たちに考えてほしいと願う。

愛知教育大4年の坂井みおさんは「教師になることは、子どもの命を預かることなんだと考えさせられた。常に心に留めて行動していきたい」と真剣な表情で語った。

文部科学省は震災を受け、教員養成課程で

「学校安全への対応」を必修化する方針を決めた。全国約850の大学・短大が対象で、19年度の入学生から災害対応などが必修になる。

大川小事故を「次」への教材に――。南海トラフ巨大地震を想定する静岡大では防災関連科目の受講を推奨し、大川小周辺の地図を示して「現地の教員だったらどうするか」を考えさせる授業を導入した。こうした試みは各地で広がりつつある。

「わが子は帰らない。でもせめて、学校は安全な場所になってほしい」。大川小6年の三男雄樹君を失った佐藤和隆さんは「教師を目指す若者は大川小を教訓にしてほしい」と望む。

指針と訓練――判断力の支え

「津波は想定していませんでした」

東日本大震災後、石巻市大川小の柏葉照幸元校長は遺族説明会や裁判の中で何度も繰り返し釈明した。ところが、実際は「地震(津波)発生時の危機管理マニュアル」が存在した。「津波の発生の有無を確認し、二次避難場所へ移動する」と記載がある。ただ、二次避難場所は「近隣の空き地・公園等」と曖昧な表記で、それらしき公園や駐車場も標高は約1メートルだった。

「マニュアルの改訂を検討しなくてはならない」。柏葉氏は10年1月末ごろ、男性教頭に指示した。「津波」は教頭が同3月に書き加えた。避難場所の不備は放置されたまま、震災の日を迎えた。

「あの極限状態の中で、本当に教頭先生も迷われたのだと思います」。教職員で唯一生還した男性教務主任が後に柏葉氏への手紙で明かした。

震災当日、柏葉氏は休暇を取っていた。「教職員は判断を迷っていたのではないか」。大川小津波訴訟の控訴審で裁判官に問われた柏葉氏は「私は分かりません」と答えるのみだった。

仙台高裁判決は「柏葉氏と教頭、教務主任は宮城県沖地震の到来に備え、マニュアルを適切な内容に改訂すべき義務があった」と指摘。教職員が児童を校庭に待機させた理由を「安全な避難場所を事前に定めず、情報収集などに忙殺されている間に時間が過ぎた」と判断した。「避難先を『バットの森』、避難方法を『三角地帯経由で歩いて向かう』と決めてあれば、津波は回避できたはずだ」。司法が導いた結論はシンプルだった。

震災後、全国の現場はマニュアルの策定作業に追われた。国の調査では、14年3月時点で95・5％の学校がマニュアルを整備。一方、浸水予想区域内でも1割近い学校は津波を想定した内容にしておらず、実効性の確保は今なお課題だ。

南海トラフ巨大地震で最大34メートルの津波を想定する高知県教委は、14年3月に「マニュアル作成の手引き」を改訂し、1ページ目をまるまる大川小事故の紹介に充てた。「子どもを1人も死なせない強い気持ちで事前の対策に取り組む」と記し、決意を示す。学校の立地条件や避難場所などに加え、各教職員が担当する役割欄には氏名も必ず明記させる。校長ら管理職不在時の「指揮命令者」を少なくとも5人記入させ、事前の周知徹底を求めた。

学校安全対策課の清久博文チーフは「災害時に組織として子どもを守る行動が取れるよう、事前の指針は必要だ。教職員が的確に判断するため、より実効性が高いマニュアルの作成を求めている」と話す。

最大6メートル超の津波が想定される千葉県南房総市は「安全が確認されるまで児童を保護者に引き渡さない」などの共通方針を市教委が決め、年2回の市内一斉訓練で各学校に浸透を図る。さらに有事の判断力を日頃から高める方法を模索。大雨や台風を「決断力を養う機会」(市教委)と位置付け、各学校に休校などの判断を委ねる。修学旅行や遠足の計画書には災害発生時の最終判断者や避難場所を明記させ、甘い場合は突き返すという。

小学校校長として震災を経験し、市教委の防災体制を主導した鈴木智・元参事(宮城教育大出身)は、「上司の決裁を必要とせず、子どもの目の前の人間が最終判断者だという意識を学校の文化として根付かせることが大切だ。日頃から想像力と判断力を養う実践を積み重ねたい」と話す。

想定を過信せず

「大川小は津波と無関係な学校ではありませんよね」。17年10月、石巻市大川小津波訴訟の証人尋問で裁判官が指摘し、法廷がざわつく一幕があった。大川小は津波浸水予想区域から約800メートル離れ、市の津波避難場所に指定されていた。市が「津波の襲来は予想できなかった」と抗弁する最大の根拠だった。

仙台高裁判事の真意は翌年4月26日の判決で明らかになる。「当時想定されていた宮城県沖地震が起きた場合、地震や遡上津波の影響で北上川堤防が壊れ、大川小は浸水する恐れがあった」

高裁は「浸水予想は誤差がある『概略の想定』にすぎない」とし、学校のリスクを判断する場合は「実際の立地条件に照らし、より詳細に検討することが必要」と続けた。「津波ハザードマップは『浸水予想区域の外に避難すれば安全』という意味ではない」。マップの意味を誤解し、今なお「安心材料」にしてしまいがちな社会に対しても警鐘を鳴らした。

マップは都道府県の被害想定調査を基に各市町村が作成する。東日本大震災前、石巻市は県の想定を写しただけのマップを配布していた。高裁の批判は「大川小が地域の津波避難場所に指定されていたこと自体が誤り」と、防災行政にも向けられた。

震災後、ハザードマップの「罪」が厳しく問われ、「作り方」と「使い方」に変化が見られる。国は12年6月、津波防災地域づくり法を全面施行し、「最大クラスの津波」を想定するよう都道府県に求めた。

南海トラフ巨大地震に備える徳島県は国の予測を踏まえ、河川のカーブや海底の形状など詳細な地形データを基に調査。コンクリートは「地震で全て破壊される」など、条件もより踏み込んで設定した。県の防災担当者は「国が公表した予測よりもっと詳しく、厳しい条件にし、最悪に備えたい」と話す。

「今日の目標は生き延びること。ただそれだけです」

南海トラフ巨大地震に備える兵庫県尼崎市の大島小で17年10月、机上避難訓練があった。児童が興味深そうな顔で席に座る。ハザードマップを基にしたオリジナルの地図の上に自身に見立てた駒を置く。5分間で250メートル進める設定で、津波が来る1時間以内の高所避難が目標だ。

曽川教諭が考案した机上の避難訓練に参加する児童＝2017年10月26日，兵庫県尼崎市の大島小

「近所のおばさんに家族の救出を頼まれた。手伝いますか」「列車が脱線し、道路がふさがれた」「学校と病院は満杯で避難は不可能」「火災発生」

教諭が次々と予期せぬ事態の発生を告げ、児童は足止めされる。避難にただ一つの「正解」はない。ハプニングの連続で心を揺さぶり、考えさせる。間違えば「失敗」する。児童は「大地震が起きると、自分の思い通りには動けない」と気付きを語った。

3月まで在籍した曽川剛志教諭が市と兵庫教育大などの協力を得て開発した。曽川教諭は「ハザードマップを渡すだけでは、ただの紙切れになる。通常の訓練は体は動くが、頭は働いていなかった」と指摘する。開発に当たり、大川小に繰り返し足を運んだ。「自分の学校も同じような場所にある」と気付き、教員や児童に「想定外をいかに考えさせるか」を思案した。

曽川教諭は「われわれ教師も『大丈夫だろう』ではなく、想定外に本当に思いをはせることができるか。次に来る災害で子どもを死なせるわけにはいかない」と決意を語る。

脱「学校任せ」——教委の手探り

石巻市大川小津波訴訟の控訴審判決は、教育委員会という司令塔の法的責任を認めた点でも「画期的」と受け止められた。遺族代理人の吉岡和弘弁護士は「市教委という頭脳が正しく働かなければ、手足となる現場は動けない」と指摘する。

判決は10年4月30日までに「津波を想定したマニュアルに改訂する義務があった」と認定。根拠は同2月8日、市内の全小中学校長に届いた1通のメールだった。「各学校は災害対策や体制を早急に整備し、災害へ万全の備えをしてほしい」

差出人は市教委。4月30日を提出期限とする教育計画に危機管理マニュアルを組み込むよう求め、「参考例」も添付した。

マニュアル作成は当時、喫緊の課題だった。09年4月、全学校に作成を義務付ける学校保健安全法が施行された。特に宮城県は宮城県沖地震の30年以内の発生確率が99%とされ、沿岸市町に早急な津波対策を促していた。市教委も、校長や教頭らを対象とした研修などで適切なマニュアル作成を呼び掛けた。だが、参考例として配布したのは、海がない山梨県のもの。当時、教育総務課長補佐だった飯塚千文氏は裁判で「分かりやすかった」と釈明した。

市教委は各校に提出させたマニュアルの内容を確認せず、不備を指導することもなかった。飯塚氏は「各学校で適切に対応することが前提だった」と語った。大川小6年だった三男雄樹君を失った佐藤和隆さんは、「海に面する石巻市が、海がない山梨県を参考にするなんて」と絶句した。

仙台高裁は「マニュアルが学校の実情に合った内容か確認を怠った」と述べ、学校任せの姿勢を

釜石市教委主催の研修会で意見を交わす防災担当教諭ら．判決は教委の重い責務を指摘した＝2018年2月14日，釜石市教育センター

批判した。宮城県では教職員が平均3年で異動することにも触れ、「学校の実情に詳しいのは、むしろ市教委だ」と自覚を促した。

教育界からは「判決は教育行政に従来と比べものにならない重責を課した」と困惑する声が上がる。一方、高裁が指摘した「教委の責務」を果たそうとする動きは、既に全国各地で始まっている。

東日本大震災で、市内の学校にいた小中学生2921人全員が津波から逃れた釜石市。「奇跡」とも評されるが、04年から市の防災・危機管理アドバイザーを務める東大大学院の片田敏孝特任教授（災害社会工学）の「想定に縛られない」などの教えが役立った。

市教委の担当者は「当時の学校のマニュアルは不十分な点が多かった」として、さらに防災対策を強化。13年4月から防災教育を担う「いのちの教育担当教諭」を各校に1人ずつ配置し、防災に特化した研修会を年2回開く。今年2月の研修会には市内14小中学校の担当教諭が出席し、防災学習や避難訓練の状況をグループ討論した。各校の取り組みを共有し、防災の形骸化を防ぐのが狙いだ。

能登半島沖地震や内陸の活断層地震に備える石川県では、防災の専門家を学校防災アドバイザーに委嘱。各校のマニュアルを個別に点検してもらっている。県教委の担当者は「教委が防災の専門性を高めることも必要だが、全て自前は難しい。学校現場と専門家をつなぐ役割が大事だ」と話す。アドバイザーを務める金沢大の青木賢人《たつと》准教授（地理学）は「教委は学校現場で防災のプロを育てる環境を整え、実践例を積み重ねて全体に波及させる発想が必要だ」と訴える。

地域と学校の相乗効果

石巻市大川小学校は、18年3月で１４５年の歴史に幕を下ろした。校舎北側の空き地に設置されたプレハブ内に、東日本大震災の津波で消えた釜谷・間垣両地区を丁寧に再現した模型がある。「小学校の田んぼ　みんなでつくった」「ＰＴＡでおばけやしき、大泣き」「夜、当直の先生と酒飲み」「子供たちの声がよく聞こえてた」

住民の記憶を記した約２７００本の旗がかつての街の姿を伝える。思い出の証しは学校周辺に特に密集。大川小は住民との距離が近く、児童は大自然の中、地域の温かな手で育まれていた。

訴訟で市側は「近隣住民の８割超が死亡した」と強調し、「学校が津波を予想できなくとも仕方ない」と一貫して主張してきた。同年４月26日の仙台高裁判決は、「学校に求められる知識や経験のレベルは、地域住民の認識によって左右されるとは到底言えない」と指摘。その上で「学校は住民と意見交換し、『津波は来ない』との認識には根拠がないことを伝え、避難場所や方法を事前に

地域住民やPTA，学校が協働で整備した白浜小の避難道に立つ清水氏．国の史跡があるため，天然物のみで作ったという＝2018年3月9日，愛知県西尾市

調整しておくべきだった」と述べた。

大川小は市の津波避難場所だったが、住民と避難方法を検討したことはほとんどなかった。一方、震災当時の柏葉照幸校長は09年4月に着任後、シイタケ栽培の学習に使っていた裏山を所有者に返却。校舎内での肝試しや、保護者によるスキー教室に教職員が同行することも中止した。

これまでの地域との強い結びつきを、大川小は命を守る防災につなげられなかった。

「南海トラフは我慢している状態。いつ地震が起きてもおかしくありません」。児童が呼び掛け、ブルーシートで津波を実演する。18年3月9日、愛知県南部の西尾市白浜小で全校防災集会があった。同校は「防災リーダー」の6年生を先頭に、毎年児童が掲げた目標に学校全体で取り組む。

標高0メートルで海岸は目の前。南海トラフ巨大地震で4～5メートルの津波が襲うと想定される。抜き打ちを含めた避難訓練は年12回。徹底した意識付けと並行し、昔ながらの塩田体験や自然学習など「古里への思い」を育む活動を大切にする。３月まで同小校長を務めた清水文克氏は、「７年間続けてきたのは、津波が来る怖さだけではなく、地域の素晴らしさもバランス良く教えること」と話す。

学校から５００メートル離れた正法寺山に13年3月、手作りの避難道が整備された。児童の発案だが、市は当初、「古墳があり、避難道は作れない」と難色を示したという。それを聞いた地域住民やＰＴＡが文化庁に直訴し、「人工物を使わない」などの条件で許可が下りた。山から切り出した竹などを使い、学校と地域が協働で作り上げ、今も年に数回補修や草取りを一緒にしている。

学校は避難場所や防災活動を回覧板で地域に紹介し、地震発生時、保護者が迎えに来ないよう周知を徹底する。住民は「子どもの命に関わることだから」と、防災倉庫や避難ルート看板の整備など費用面でも惜しみない協力を続ける。互いの理解が相乗効果を生んだ。

「子どもが古里を知り、地域の皆は『おらが学校』という思いを持ってくれている」と清水氏。「防災は学校だけではできない。教職員を含めた周りの大人が『子どもの命を必ず守る』という強い思いを持っている」と語る。

同校に災害対策を指導する防災士の高須善身さんは「地域防災の手薄なところを学校が引き締めてくれ、地域全体の意識が高まってきた。つながりを大事にして今後さらに活性化してほしい」と望む。

コラム

被災地　宮城教育大学の取り組み――村松隆学長に聞く

大川小の事故を筆頭に、東日本大震災では教職員の防災意識が問われた。宮城教育大の前防災教育未来づくり総合研究センター長で、2018年度、学長に就任した村松隆氏は「教師の最も重要な使命は子どもたちの命を徹底して守ること」と断言する。被災地の教育大として教員養成にどう取り組むか、現状と構想を聞いた。

――学校管理下で多数の犠牲を出した大川小事故をどう受け止めていますか。

「震災前は教員養成課程で防災教育に力を入れていたわけではない。その意味でわれわれは非常に大きな責任があると認識している。教員養成大として、あのような事故を絶対に繰り返さぬよう、子どもの命の大切さを前面に出した教育環境を早急に整えたい」

――教員の卵に防災をどう教えていますか。

「防災を教員になるための基礎科目と位置付け、震災2年後に全学生に必修化した。16年度には防災教育の研究センターを設けた。今後は知識や経験を積んだ学生を認定する『防災マイスター制度』を整備・促進し、さらに教育の質を高めていく」

「知識・手法だけが大事なのではない。被災地に赴き、肌で感じ取ることは多くある。大川小事故などの新聞記事を教材として『君はどう思うか』と学生に問い掛けることも重要だ。実習や研修、授業などを通じて深く考え、追求してもらうよう工夫している」

――被災地の教育大の役割をどう認識していますか。

「今後も全国各地で自然災害は起きる。防災力は教員が必ず備えるべき資質だ。宮教大の教員養成課程を通じて、学校現場で防災のけん引役になれる自信を学生に身に付けさせたい。被災地の大学の役割を追求し、具現化していく考えだ」

「宮教大は課題解決型などさまざまな教育手法で防災の力、考え方を養う仕組みを導入している。こうした教育を社会に発信していくことも被災地東北の教員養成大としての役割だ」

――今後の展望は。

「学生の被災地ボランティアなどを通じ、7年間で多様なノウハウや情報が集積されてきた。防災教育プログラムにどう活用するかが今後の課題だ。3月に東北大災害科学国際研究所と連携協定を結んだ。多様な研究成果を基にした質の高い防災研究・学習ができるのではないか」

「教師は児童・生徒の命を預かっている。その最も重要な認識の下、防災に強い教師の育成、現職教員の研修を進め、全国モデルになり得るように取り組み、発信していきたい」

むらまつ・たかし　専門は有機物理化学など。静岡大大学院修了。2001年から宮城教育大教授。付属防災教育未来づくり総合研究センター長、教員キャリア研究機構長を経て18年4月から現職。仙台市出身。

第3章 災害列島の学校で、いま

避難訓練で650メートル離れた公園を目指し，急な坂を駆け上がる入野小児童＝2018年5月16日午前9時45分ごろ，高知県黒潮町

1　明暗——何が生死を分けるのか

被災3県沿岸小中学校へのアンケート調査

大川小事故は戦後最悪とされる学校管理下の事故だが、あの日、間一髪で難を逃れた学校は少なくない。第3章では、学校管理下で生死を分けた要因と、河北新報社が実施した学校防災アンケートを踏まえた今後の課題を探る。

河北新報社は日本学校保健学会会員の学校防災研究メンバーと共同で、岩手、宮城、福島3県沿岸の小中学校と、南海トラフ巨大地震が懸念される東南海地域7県(神奈川、静岡、愛知、三重、和歌山、徳島、高知)沿岸の小学校を対象に防災アンケートを実施した。東北では津波ハザードマップの浸水予想区域の決め方について、「説明できる程度に分かる」と答えた学校は31・1%にとどまり、東日本大震災から7年がたつ今も災害リスクへの「理解度」が高まっていない現状が明らかになった(詳細は本書巻末、アンケートまとめ参照)。

学校防災をめぐっては、大川小津波訴訟の控訴審で事前の備えが焦点となった。2018年4月26日の仙台高裁判決は、教員が地域特性に合わせ、独自にハザードマップを検証する必要性を指摘した。
ハザードマップの理解度は「なんとなく分かる」50・8%、「よく分かっていない」17・4%。ハザードマップの受け止めについては「浸水域内のため対策を立てている」37・1%、「域外だが対策は立てている」50・8%の一方、「域外だから安心」が8・3%あった。石巻市大川小を含めて浸水予想区域外の学校が数多く被災したが、いまだに1割近い学校がハザードマップを「安心材料」と捉えている実態が浮き彫りになった。

学校の防災マニュアル（危機管理マニュアル）は、91・7%が津波への対応を規定。うち45・5%が震災後に定めた。一方、浸水域かどうか「分からない」が7・6%あり、各校のリスクの認識に課題を残した。

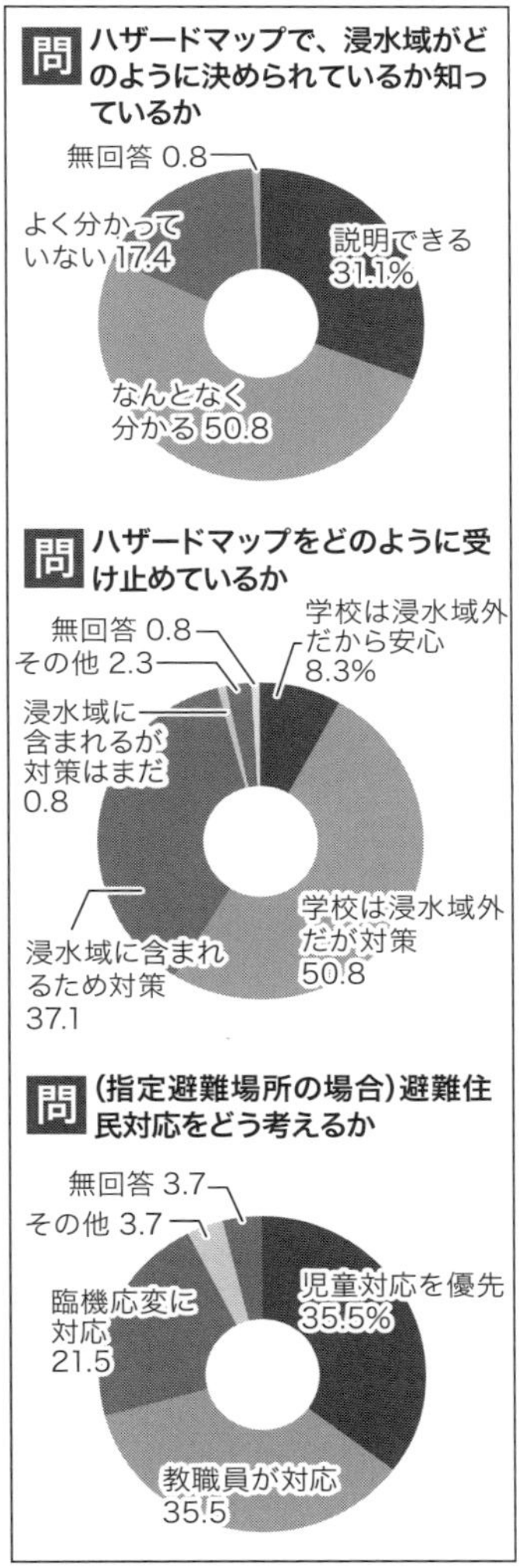

児童の津波避難場所は、51・4％が「保護者・地域住民とも共有」と回答したが、避難場所の情報共有の範囲が教職員にとどまる学校も23・4％あった。

職員会議で児童生徒の保護者への「引き渡し」を検討したことがある学校のうち、98・9％は保護者とも情報を共有。内容は「津波注意報・警報の発令中は引き渡さない」が66・3％に上った。

引き渡し後の児童生徒が被災したケースが相次いだことを教訓に、ルール化したことが分かる。

一方、大川小のような管理職不在時の災害について、対応を話し合ったことがあるのは59・8％だった。

81・1％の学校が、地域住民の避難場所に指定されている。そのうち避難住民への対応を「話し合ったことがない」は32・7％。具体的な住民対応を問うと、「児童を優先し住民対応は地域や行政などに任せる」35・5％、「教職員が対応」35・5％、「状況に応じて臨機応変に」21・5％と分かれた。

教職員の津波への意識については、13・6％が「教員間に意識の格差」または「低下」を感じていた。

震災の経験を教訓にしているかの問いには「大いに」78・0％、「多少」12・9％と9割の学校が教訓を生かしていると回答。「あまり状況をよく知らない」も8・3％あった。

調査は東北3県沿岸の小中学校（移転・統合先含む）198校が対象。18年3月に調査票を郵送し、132校（66・7％）から回答があった。

東南海7県沿岸小学校へのアンケート調査

南海トラフ巨大地震の発生が懸念されている東南海地域7県沿岸の小学校で、防災マニュアルに津波対応を盛り込む学校が東日本大震災前の3割弱から9割近くに増えたことが、河北新報社が学校防災研究メンバーと共同で実施したアンケートで分かった。震災を踏まえ、事前防災への意識が高まる一方、児童の保護者への引き渡しルールや、避難住民の対応といった具体的な課題への取り組みは各校で温度差が見られた。

マニュアルに津波対応を規定する学校は87・0%に上った。内訳は「震災前から」28・3%、「震災後」58・7%。体育館や校舎上層階、近隣の高台といった児童の津波避難場所は、60・9%が保護

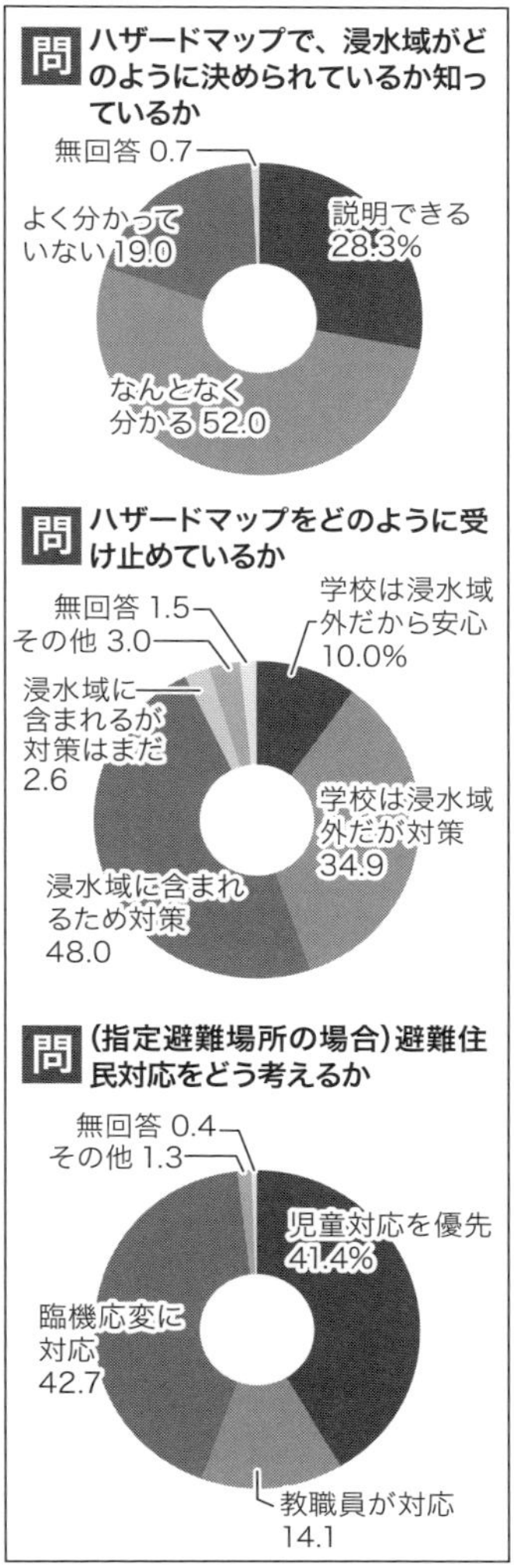

者に加えて地域住民とも共有していた。

市町村が作成する津波ハザードマップの浸水予想区域の決め方について、「説明できる程度に分かる」は28・3％にとどまり、「なんとなく分かる」が52・0％、「よく分かっていない」が19・0％だった。

一方、学区内にハザードマップの浸水予想区域がある学校は81・0％。これらの学校に、浸水域から通う児童への対応について何らかの取り決めをしているか聞いたところ、「していない」が23・9％に上った。

児童の保護者への「引き渡し」を職員会議で話し合ったことがある学校のうち、90・5％は保護者と内容を共有する。ただ、具体的な方法は「津波注意報・警報の発令中は引き渡さない」30・6％、「事前登録者と確認できれば引き渡す」49・3％、「登録者以外でも関係が確認できれば状況によって引き渡す」11・9％と分かれた。

校長ら管理職が不在時、津波襲来の恐れが生じた場合の対応を「話し合ったことがない」は59・9％と半数を上回った。

84・4％の学校が市町村の津波避難場所に指定されているが、避難住民の対応を地域と話し合ったことがある学校は49・3％にとどまった。住民対応は「臨機応変に対応するしかない」が42・7％、「児童対応を優先し住民対応は地域や行政などに任せる」が41・4％で判断が分かれた。

教職員の津波に対する意識は76・2％が「継続している」と答えたが、意識の格差や低下を感じる学校も計17・1％あった。

東日本大震災の津波で児童74人、教職員10人が犠牲となった大川小の事故について、75・8％が「大いに」、20・1％が「多少」教訓にしていると回答。自由記述では「最悪の状況を想定した判断が大切」(静岡)、「無駄になってもいいので高台避難を迅速に決定する」(愛知)などがあった。

調査は東南海7県の海岸線から4キロ以内に立地し、日本教育学会の学校防災グループが13年に実施したアンケートに答えた小学校４８７校が対象。18年3月に調査票を郵送し、２６９校(55・2％)から回答があった。

間一髪、山へ

「外に出ろ」。11年3月11日午後2時50分ごろ、陸前高田市気仙小の教員らが校庭への避難を呼び掛けた。全校児童92人が学年ごとに並んだ。大津波警報の発令を告げる防災無線が繰り返し校庭に響く。教員らの指示は「まずは校庭に待機」だった。

「津波来るんじゃない?」「そんなわけないでしょ」「地割れだ、すげえな」「このまま学校、休校じゃね。ラッキー、遊ぼう」

当時5年の専門学校生大谷連斗さん(18)は友人らとこんな会話をしていた。気仙小は広田湾から約７００メートル、湾に注ぐ気仙川から約２００メートル離れ、標高約7メートル。山林と住宅に囲まれ、校庭から海は見えない。津波への危機感はまだ薄かった。

地震発生時、当時の校長菅野祥一郎さん(67)は市中心部にいた。自家用の軽トラックですぐ学校に向かい、午後3時15分ごろ着いた。防災無線は聞こえず、津波への意識はなかったという。学校は市の津波避難所に指定され、住民が150人以上集まっていたとみられる。自治会長の男性は校門に立ち、避難してきた車を誘導していた。

菅野さんは、校庭で寒さに震える高齢の女性を軽トラに乗せた。「ラジオが聞きたい」と言われてつけると、アナウンサーが「大津波」と告げていた。「まずい」。慌てて車外に出た菅野さんは「山に登れ!」と大声で叫んだ。

ほぼ同時刻の午後3時25分前後、大谷さんは「山に逃げろ」という地元男性の叫び声を聞いた。気仙大橋方向を見ると、電柱が倒れ、砂煙が上がっていた。児童らは校舎西側にある通称「わんぱく山」を必死によじ登った。校庭より約15メートル、校舎屋上より数メートル高い。斜面にアスレチックのはしご段があり、子どもたちの遊び場になっていた。

大谷さんがわんぱく山の上方にあるフェンスを乗り越えると、校庭に津波が押し寄せた。10メートル以上の巨大な水の壁が3階建て校舎を一気にのみ込み、わんぱく山の斜面に迫る。「まさに生と死の境」(大谷さん)だった。児童92人と教職員12人は全員無事だったが、自治会長ら一部の住民が逃げ遅れ、津波の犠牲になった。

市が06年に宮城県沖地震を想定して作成した津波防災マップで、気仙小は浸水予想区域のすぐ外側にあった。津波避難マニュアルはなく、津波の避難訓練もしていなかった。生と死を分けた要因について、菅野さんは「とっさに『山へ逃げる』と考えついたことと、子どもたちになじみがある場所だったことが大きい」と振り返る。

河北新報社が教育研究者と共同で実施したアンケートによると、岩手、宮城、福島3県の沿岸にあり、回答した小中学校132校中、116校(87・9%)がハザードマップを踏まえ、何らかの津波避難対策を立てていることが分かった。

一方、「浸水予想区域外だから安心」が11校(8・3%)、「浸水域に含まれるが対策はまだ」が1校(0・8%)あり、震災の教訓が十分生かされていない実情が浮き彫りになった。

「ハザードマップやマニュアルを信じるだけでなく、子どもの命を第一に考えて行動できる判断力を普段から磨くべきだ」。菅野さんはこう警鐘を鳴らす。

◎大川小では…

大川小の南側には校庭から小走りで1分程度で行ける裏山があった。児童らはシイタケ栽培の学習などで利用し、なじみがあった。

石巻市が09年3月に公表した津波ハザードマップで大川小は津波の浸水予想区域から外れ、津波避難所に指定されていた。学校の東約800メートルまでが浸水予想区域だった。

震災当日は地域の高齢者らが校庭に身を寄せ、行政区長がスクールバスを学校敷地内に誘導するなどしていた。津波襲来の危険が迫る中、教職員が選んだのは裏山ではなく、校庭より5～6メートル高い北上川の堤防道路(三角地帯)だった。

指針の不備

帰りの会の最中、揺れが始まった。「机に潜りなさい」。石巻市開北小6年の担任だった斎藤常晴教諭(50)＝現在は宮城県伊具郡丸森町耕野小教頭＝が児童約30人に指示した。「きゃー」。叫び声が響き渡り、「大丈夫だよ」と懸命に落ち着かせた。

校内にいた児童413人は校庭に出て待機した。雪がちらつく。2011年3月11日午後3時の気温は1・4度。寒さに震えた。斎藤教諭は児童らの上着を取りに教室に戻った。保護者が次第に増え、児童を引き渡した。

「これは来るな」。当時の校長岸澄夫さん(68)は、経験のない揺れから津波の襲来を察した。専門は理科。東北の太平洋沿岸に甚大な被害をもたらした貞観《じょうがん》地震(869年)の大津波が頭をよぎり、2004年のスマトラ島沖地震の巨大津波の映像が浮かんだ。

開北小は海から約3キロ、近くを流れる旧北上川から約200メートルの距離にあり、標高は0・5メートル。周囲は住宅や商店が並ぶ市街地だ。PTA役員だった五十嵐剛司さん(56)は「津波がここまで来るとは思ってもいなかった」と振り返る。

学校の危機管理マニュアルは、津波を想定した校庭から次の避難先を決めていなかった。市が10年1月に配布した資料の参考例「当該市町村が指定する広域避難地」という表現をそのまま使っていた。情報を得るため、岸さんは午後3時ごろ、児童らが避難している校庭に車を回すよう教員に指示した。カーラジオをかけさせると、「大津波警報」の発令を伝えていた。

沿岸部を襲う津波の状況が徐々に分かってきた。冷え込みが厳しくなってきたこともあり、岸さんは「2、3階に児童や避難者を上げよう」と教職員に伝えた。その頃、職員室の電話が鳴った。「校舎は倒壊の恐れがあるので中に入るな」。消防を名乗る男性からだったが、電話の主は現在も不明だ。

校舎は07年度に耐震工事を終え、地震後、大きな異常がないことを確認していた。「近くに高台はない。津波避難場所は校舎が最も安全だ」。岸さんは迷わず決断した。

午後5時ごろ、校舎2階から、旧北上川を遡上する津波が見えた。校舎周辺で浸水が始まり、校庭にも水が押し寄せた。保健室など1階の一部が床上浸水したが、児童と教職員は全員無事だった。

河北新報社は教育研究者と共同で岩手、宮城、福島3県の沿岸小中学校を対象に行ったアンケートで、津波対応に関するマニュアルの規定について尋ねた。震災前から規定していたのは、回答した132校中、61校(46・2％)にとどまった。

現在は121校(91・7％)が規定している。大半の学校が津波の（1）避難場所、（2）避難経路、（3）避難訓練、（4）引き渡し、（5）教職員の役割分担――を定めている。

岸さんは、マニュアルの重要性を説きつつ、「想定と実際の災害には必ず差異が生じる。臨機応変に対処できる柔軟な思考を持つことが大切だ」と訴える。

◎大川小では…

大川小は07年度、危機管理マニュアルに「津波」の文言を入れた。校庭から次の避難場所は「近隣の空き地・公園等」と記載し、10年度の改訂時も踏襲した。

当時の校長柏葉照幸氏は震災後、「(隣接する)釜谷交流会館の駐車場、体育館裏の児童公園を考えた」と説明したが、マニュアルに具体的な記載はなく、周知もされていなかった。

震災当日、教職員らはラジオや防災無線で大津波警報の発令を聞いていた。校舎は屋上がない2階建てで、高さ8メートル以上の津波が押し寄せ、水没した。

津波訓練なし、手探りの避難

3月11日午前、福島県双葉郡浪江町請戸《うけど》小の教務主任だった佐藤信一教諭(52)＝現在は浪江町なみえ創成小勤務＝が職員室で新聞を開くと、地震の記事が目に留まった。「うちも津波訓練やらないと」「来年度の訓練見直しのテーマかな」。教頭と何げない会話を交わした。

請戸小は標高3〜4メートル。海岸までの距離は約300メートルだが、当時の避難訓練は地震、火災、不審者対応だけだった。

午後2時46分、激しい揺れに見舞われた。児童約90人が職員駐車場に集まり、校長は午後3時前、「大平山《おおひらやま》の方に行こう」と指示した。請戸小周辺は農地や宅地が広がる平地で、約1キロ内陸に標高約40メートルの大平山があった。山まではあぜ道を通る一直線のルート。請戸地区を南北に貫く県道(浜街道)を横断した地点で一時待機する手はずになった。浜街道は周囲より2〜3メートル高い。佐藤教諭は「津波が来ても止まるだろう」と思っていた。

「これは津波が来っぞ」。地元の高齢男性が学校に駆け込んできた。校長は報告に戻った佐藤教諭に「大平山へ向かえ。(浜街道で)待っていることないから」と指示した。浜街道は南北に行き交う避難車で渋滞していた。最後尾はまだ浜街道を渡り終えていなかった。佐藤教諭は「早く山へ向かって」と児童を急がせ、長い行列ができた。

当時6年の大学生横山和佳奈さん(20)は「走ったり、止まったりを繰り返し、疲れた。体力のある子ほど前に行っていた」と振り返る。

山の麓には午後3時15分ごろ、着いた。ただ、先導した教員らは山に登ったことがなく、山道が分からず戸惑っていた。「こっちだよ。野球の練習で来たことあるんだ」。男子児童の言葉を信じ、全員無事に山に避難することができた。

避難は手探り。とっさの判断の連続だった。佐藤教諭は「午前中の会話があったから、うまく行動できた面がある。万が一に備え、避難の選択肢はたくさん持っていた方がいい」と指摘する。

河北新報社と教育研究者による共同アンケートによると、岩手、宮城、福島3県で津波避難場所をマニュアルに規定している沿岸の小中学校107校のうち、最も多い避難先(複数回答)は「近隣の高台」60・7%だった。「校舎上層階」31・8%、「体育館」21・5%と続いた。

教員と児童らは11日午後5時ごろ、大平山からさらに内陸にある浪江町役場に避難した。翌12日、東京電力福島第1原発事故に伴い、長期にわたる避難を強いられることになるが、この時点では誰も想像できなかった。

浪江町には最大15・5メートルの津波が押し寄せ、請戸地区一帯が水没した。2階建ての校舎は屋上がなく、職員駐車場に長くとどまっていれば多数の犠牲が出た恐れがある。学校の時計は午後3時38分で止まっていた。

◎大川小では…

大川小の教職員らは校庭避難から約40分後の午後3時30分ごろまでに、北上川の堤防道路(三角地帯)への避難を決断した。三角地帯の標高は6〜7メートルで、校庭より5〜6メートル高い。

児童らは自転車小屋脇の通用口から市道に出て、隣接する釜谷交流会館の駐車場に向かった。男性教頭(当時52)が「津波が来ているから早く避難して」と促した。

児童らは教頭の声をきっかけに会館前から小走りになった。山沿いを進み、路地を抜け県道を通り三角地帯を目指そうとしたが、途中で津波に襲われた。

管理職の役割

いわき市久之浜第一小は東日本大震災の地震で、4階建て校舎と地面の間に10〜15センチの段差が生じた。正面玄関の柱や壁には無数のひびが入り、駐車場は液状化のためか水浸しになった。

保護者への引き渡し訓練は実施したことがなかった。「とにかく親は心配して、迎えに来るだろう」。教務主任だった大平雅嗣《まさつぐ》教諭(60)=現在はいわき市中央台南小勤務=はそう判断し、約200人の児童と教職員約20人を校庭で待機させた。しばらくして男性保護者が怒鳴りながら校庭に入ってきた。「こんなとこにいたら流されちまう。ここじゃ危ねえ。子ども連れて帰っから!」

第一小は海岸から約750メートル、標高は6・8メートル。周辺は住宅地だ。「地震の揺れが収まれば、災害は終了という頭だった。保護者が何で怒っているのか理解できなかった」と大平教諭。ラジオを持ち出す発想はなく、情報は不足していた。次の行動が思い浮かばなかったという。

当時の校長笠原桂樹さん(67)は近くの四倉小であった校長会に出席後、車を出した直後に地震に遭った。車を止めると、他の校長からラジオで津波への警戒を呼び掛けていると教えられた。笠原さんは津波を警戒し、海沿いを走る最短ルートの国道6号ではなく、内陸の県道を利用。午後3時15分ごろ、学校に着いた。

保護者の怒鳴り声を耳にした笠原さんは、「より安全な場所に移動し、そこで親に引き渡そう」と判断し、標高41・6メートルの久之浜中への避難を決断した。同中へは急勾配の坂を上り、10分程度で着く。学校の北側を流れる小久川を濁った水が勢いよくさかのぼる。6年の担任だった池端健教諭(39)＝現在は茨城県北茨城市明徳小勤務＝は「とにかく急いで。津波が来ているらしい」と児童らを小走りで向かわせた。

大平教諭は「校長が戻ってこなければ、校庭から次の避難場所を決断できなかった」と振り返る。笠原さんは学校に残り、児童を迎えに来た保護者を久之浜中へ誘導した。

久之浜地区には最大10メートルの津波が襲来し、住民59人が犠牲になった。幸い学校は浸水せず、帰宅した児童を含め全員無事だった。

津波襲来の危険を察知した際、児童の安全をどう確保するか。河北新報社は教育研究者との共同アンケートで、岩手、宮城、福島3県の沿岸小中学校に児童の引き渡しについて尋ねた。

職員間で引き渡しについて検討している93校中、保護者にも周知しているのは92校(98・9％)。そのうち61校(66・3%)が「津波注意報・警報発令中は引き渡さない」と定めていた。

校長ら管理職不在時の対応について、回答した132校中、51校(38・6%)が「話し合っていない」と回答。震災から7年たつ今も、4割近い学校が管理職不在時の対応を協議していないことが分かった。

大平教諭は自らの反省を踏まえ、「子どもの命が最優先という認識を普段から共有すべきだ。管理職が不在でも何事も話し合える職場なら、いざという時に判断できるはずだ」と指摘する。

◎大川小では…

東日本大震災の発生時、大川小の校長は不在だった。男性教頭ら教職員11人が学校にいたが、同小の危機管理マニュアルは、校長不在時の役割分担を定めていなかった。

震災2日前の3月9日の地震で津波注意報が発令された際、校長の柏葉氏は教頭と男性教務主任(57)に「万が一、津波が来たらどうしようか」「(裏山に)登って逃げるほかないかな」などと話し掛けた。

3人は、チリ地震で大津波警報が出た2010年2月、防災訓練の打ち合わせをした11年2月にも裏山への避難について話し合ったとされる。

住民の危機感が学校を動かす

「津波っつうのはおっかねえんだぞ。海の底見えんだぞ」。石巻市雄勝町出身の佐藤麻紀さん(46)

は、祖母から何度も同じ話を聞かされて育った。雄勝町は昭和三陸地震（１９３３年）やチリ地震津波（60年）など繰り返し津波に襲われた。津波の怖さは代々語り継がれてきた。

雄勝小のＰＴＡ役員を務めていた２００９年、佐藤さんは先輩役員から「他の土地から赴任してくる先生は雄勝を知らない。必ず津波の怖さを伝えなさい」と念を押された。雄勝小は標高３・３メートル、海岸から３１３メートル。年1回、校舎東側に隣接する新山神社（標高約6メートル）に上る避難訓練を行ってきた。佐藤さんらＰＴＡ関係者は「子どもの命が懸かっている。より高い所へ」と考え、10年8月、教職員も交えて神社脇から裏山へ登る避難訓練を行った。

11年3月11日午後2時46分、校舎が大きく揺れた。当時5年の藤本和《のどか》さん（18）は机の下に隠れた。「いつもと違う」。校舎にいた50人弱の児童と校庭に避難すると、校長ら教員たちが相談する声が聞こえた。「神社に逃げましょう」「体育館にしよう。ブルーシートを敷こう」。藤本さんは、訓練通り新山神社に避難すると思っていた。

午後3時10分ごろ、子どもを迎えに来た佐藤さんが大声で叫んだ。「頼むから、早く山さ逃がして。お願いだから」。児童らは校庭の中心に固まっていた。他の保護者からも「何やってんだっけ」「海の水が引いてんだよ」と怒号が飛んだ。

学校側は迷っていた。4年担任だった徳水博志さん（64）は、目が合った佐藤さんから「先生、山でしょ！」と強く背中を押された。「今から逃げる」。徳水さんの号令で児童らは神社に向かった。迫る津波を見てさらに裏山に登り、九死に一生を得た。

佐藤さんは学校で避難を呼び掛けた後、自宅近くの高台に避難した。午後3時半ごろ、新山神社

津波で被災した雄勝小(上)．校庭にいた児童は裏山に避難し，全員無事だった＝2011年3月18日，石巻市雄勝町

が津波にのまれる光景が見えた。雄勝地区を襲った津波は最大で標高21メートル地点に達した。

「裏山への避難が間に合っていなかったらどうしよう。私、子どもたちを殺してしまったのでは…」。佐藤さんは不安に駆られた。翌日、校庭にいた児童は全員無事だと聞き、胸をなで下ろした。全校児童104人中、下校していた児童1人が亡くなったが、学校管理下の犠牲はなかった。

震災後、学校と地域の連携は進んでいるのか。河北新報社は教育研究者との共同アンケートで、岩手、宮城、福島3県の沿岸小中学校に尋ねた。津波の避難場所を定める107校中、55校(51・4%)が「保護者・地域住民とも共有」、25校(23・4%)が「保護者と共有」と回答した。

どの組織と津波のリスクを協議しているか

（複数回答）については、回答した１３２校中、（１）職員会議１１９校（90・２％）、（２）行政・市町村の防災担当など58校（43・９％）、（３）ＰＴＡや保護者会53校（40・２％）、（４）地域住民の代表48校（36・４％）だった。

徳水さんは「学校側の判断ミスを住民が修正してくれ、難を逃れた。新たな知見を踏まえた地域ぐるみの防災が必要だ」と訴える。

◎大川小では…

地震発生後、大川小の児童らは校庭で待機した。迎えに来た複数の保護者は「早く山に逃げて」「津波が来るかもしれない。逃げた方がいいよ」と教職員に呼び掛けた。地元住民も「なんぼでも高い所に上れ」「津波来っから、早く逃げらい」と叫んだ。

一方、校庭には「ここ（釜谷地区）まで来ないから大丈夫」「学校にいた方が安全だ」と主張する住民もいた。

当時５年の男子児童は市教委の聞き取りに「教頭先生は山へ上がらせてくれと言ったが、区長さんはここまで来るはずがないから、三角地帯に行こうと言っていた」と答えた。

教頭は津波が襲来する直前、北上川の堤防道路（三角地帯、標高６～７メートル）への避難を決定し、児童らは途中で津波にのまれた。

2　模　索――東南海の学校と教育委員会

東日本大震災から7年3カ月。この間、国は各地の災害予測を公表し、特に東南海地方では南海トラフ巨大地震が今後30年以内に70〜80%の確率で発生すると示した。大川小の事故を受け、巨大災害の危機に直面する東南海の学校や教育委員会の意識はどう変わったのか。津波対策を模索する現場を歩いた。

34メートルという衝撃――より早く高く

初夏の潮風が薫る高知県幡多郡黒潮町を2018年5月に訪ねた。海岸線に延長約4キロのクロマツ林が連なり、白砂青松の景観を織り成す。住宅地にはいくつもの津波避難タワーがそびえ、町の至る所で真新しい避難階段や避難路の案内板、海抜表示を目にした。

津波予想高34メートル――。

12年3月、内閣府は南海トラフ地震で最大の数値を同町に突き付けた。大震災の生々しい記憶と34メートルという新たな衝撃。町教委は、年6回の避難訓練と10時間の防災教育を町内の全小中学校10校に義務付けた。

「緊急地震速報」

５月16日、入野小(児童１２４人)で近隣中高と合同の避難訓練があった。１年生の教室は入学ムードを残していたが、警報音が流れると児童は瞬く間に机の下へ。１分半後、「避難開始」の放送で飛び出し、約６５０メートル先の公園まで急な坂を全速力で駆け上がった。息切れしながら児童自ら点呼を取り、13分で避難完了。この間、教員の指示はほとんどなかった。

同小は標高17・4メートル。津波浸水予想区域の外で、地域の避難場所に指定されている。訓練も校庭までだったが、17年度に着任した前田浩文校長が標高40・3メートルの公園へと変えた。校長は「常に高所にいるわけではないし、学校からは松林で海が見えない。より早く、より高くという意識を日々培いたい」と説明する。

高台に避難する体力をつけるため、毎日始業前に「朝マラソン」を続ける。昨夏には学校指定の上履きを走りやすいものに切り替えた。遠足や水泳中、抜き打ちを含め、多様な訓練は年11回あり、徹底した意識付けを図る。

「自分１人でも瞬時に判断、対応できる力を育てる。『安心して学校に任せます』と全ての保護者に思ってもらえることが究極の目標」と前田校長が誓う。

【南海トラフ巨大地震】東海沖から九州沖の太平洋海底に延びる溝状の地形(トラフ)に沿って起きる恐れがあるマグニチュード(Ｍ)９級の地震。東海、東南海、南海の三つの震源域が連動して発生。最悪で死者は32万人に上り、そのうち津波による犠牲が23万人と想定される。

「犠牲者ゼロ」教育

南海トラフ巨大地震の「犠牲者ゼロ」を掲げる高知県黒潮町。町教委は15年3月、独自の津波防災教育プログラムを作成した。東大大学院の片田敏孝特任教授(災害社会工学)が協力し、「命の教育」を根幹に据える。

特徴は「指導の心得」を記した24ページの冊子。「何としてでも生き抜く力を身に付けさせる決意で創意工夫する」「知識ではなく、姿勢を伝える」など、教員の基本姿勢を詳しく説いた。国友広和学校教育係長は「防災教育には教員の正しい理解と熱意が不可欠。教え方が下手でも、熱がこもっていれば届く」と語る。

最大9メートルの浸水が予想される上川口小(児童44人)で5月19日、防災参観日があった。高台避難と保護者への引き渡し、炊き出し訓練を半日がかりで行う。

「津波から命を守るために、大人の言うことを聞いて行動する。賛成の人?」

訓練に先立ち公開された授業で、2、3年の複式学級担任の浜口まや教諭が児童に問いかけた。ほぼ全員が挙手する中、女児1人が反対し、「大人の言うことを聞いて足が止まったら、避難が遅れてしまう」と述べた。

全員で活発に意見を出し合い、「時には、聞けないこともありそうだね」と結んだ浜口教諭。終了後の取材に「教師も間違う。最終的には自分で判断し、命を守れる力を付けてあげたい」と話した。浜口教諭は過去、町主催の東北被災地研修に参加。教師も間違うとの自覚が常に学ぶ姿勢を生

防災参観日に津波避難について学ぶ上川口小児童＝2018年5月19日，高知県黒潮町

み、心を揺さぶる指導につながった。

「もし先生が地震で何かに押しつぶされていたら、あなたたちは助ける？」

6年担任の女性教諭はこう問いかけた後、「逃げなきゃ駄目。各自で判断して逃げて」と強調した。子どもの避難を巡り明暗を分けた石巻市大川小と釜石市の小中学校の事例を紹介し、「率先避難者」になる意義を伝えた。

「率先して避難すれば、自分以外に多くの人の命を救える」「親は絶対に逃げていると思って自分も逃げる」。児童は次々に感想を発表した。

同小は毎月20日を「家族防災会議の日」に設定する。担任教諭は「1人の時に地震が起きたら、親子で信頼がないと避難できない」と述べ、避難場所を話し合う宿題を出した。

石川真紀校長は「学校は多忙と言われるが、命を守ることは最優先。命を預かる私たち教職員は大川小から学び、できる限りのことをしなければならない」と言い切る。
東北で起きた悲劇は約1000キロ離れた教育現場に届き、生かされていた。

◎アンケート・東南海では

河北新報社が教育研究者と共同で実施した東南海学校アンケート(回答数269校)で、87・0%の学校が防災マニュアルに津波対応を規定。震災を受け、急速に見直しが進む一方、現場には温度差も生じている。17・1%の学校は津波に対する意識の低下や教職員間の格差を実感。13・4%が防災教育を「困難」「今はできていない」と答え、そのうち大半は「多忙で余裕がない」を理由に挙げた。

「防災日本一」の学校

「津波が来るぞ！」「早く逃げろ！」

防災士の掛け声に続き、児童が全力で叫ぶ。津波発生時、周囲に避難を促すための「大声訓練」だ。

徳島県東部に位置する阿南市津乃峰《つのみね》小(児童138人)で18年5月24日、恒例の全校登山があった。自然に親しみ、防災力の向上も目指す。地元の防災士約10人が中腹での訓練に協力した。出発から1時間、展望台からは複雑に入り組んだ海岸線と小さな島々、同小を含む街並みが見渡せた。

「リアス海岸では津波は思った以上に高くなります。どこに避難すればいいか、いつも考えていてください」。５年担任の男性教諭が児童に呼び掛けた。その２日前の放課後、全教職員が72年前の昭和南海地震を経験した高齢者から話を聞いた。異動が多い職業柄、被災の歴史や学校の立地条件など地域の実情を正しく知り、児童に教えるためだ。

昭和と江戸時代、学校周辺は津波の被害に遭った。学校から海まで２００メートル。南海トラフ巨大地震で最大５メートル超の津波が襲来し、標高1・2メートルの学校を含め、学区のほぼ全域が浸水するとされる。展望台で津波について学んだ6年の長池正悟君は「上からだと学校と海が近いことが分かる。昔、大津波が来たと聞いて驚いた」と話した。

同小は同年1月、防災教育の優れた取り組みを表彰する「ぼうさい甲子園」(兵庫県など主催)で全国の大学以下計１３０校・団体の中からグランプリに輝いた。前年も小学校部門で最高賞を受賞。「防災日本一の学校」と呼ばれる。避難訓練は年15回。あらゆる教科に津波防災の視点を取り入れ、特に「地域との結び付き」を重視する。毎年、フィールドワークで調べた児童手作りの防災マップを学区内全７００世帯に配り、交流している。

防災士の資格を持つ山本栄教務主任は、「地域での暮らしに必要な視点を地元住民から学ぶことで、本当に命を守れる防災が実現できる」と話す。

連携のきっかけは15年2月に震度5強を観測した徳島県南部地震。東日本大震災を思い出し、すぐに学校から約８００メートル先の防災公園に避難した。ただ、寒がる児童が多く、学校の発案で同4月、高台の車庫で待機中のバスに避難できるようにバス会社、市、住民組織の自主防災会などが全国初の協定を結んだ。

過去の津波被災などの説明を受ける津乃峰小児童．三陸と似たリアス海岸が間近に迫る＝2018年5月24日，徳島県阿南市

同じ頃、学校と自主防災会、徳島大教授ら約30人が年4回、学校防災の課題を話し合う推進委員会を発足させた。「学校の取り組みに関心を持ってもらい、地域と共に考える場ができた」と学校側は受け止める。

18年5月22日夜にあった当年度の初会合では、近く予定する避難・引き渡し訓練が議題になった。防災教育担当の男性教諭は「各地区の避難場所や経路、危険箇所などを親や児童に教えてほしい」と自主防災会にも参加を要請した。在校時以外、学校管理下外でも児童を守る学校の意思の表れだ。

同市の自主防災会組織率はほぼ100％だが、高齢化が進む。会長の1人、新浜定夫さんは「児童の防災意識は大人も見習う。やがて青年に成長すれば地域全体の防災力が上がる」と期待する。

「最初は『自分の命は自分で守る』だけだっ

たが、今は『みんなの命はみんなで守る』も目標」と山本さん。「30〜40年以内に必ず起きる災害に備え、地域のリーダーとなる力を育てたい」と語る。

◎アンケート・東南海では

河北新報社が教育研究者と共同で実施した東南海学校アンケート（回答数269校）で、教職員が地域のリスク状況を知る機会が「ほとんどない」と答えた学校は19・3％と、東北（10・6％）と顕著な差があった。津波リスクの対応について、東南海の53・9％の学校は「地域住民の代表と話し合っている」と回答。東北（36・4％）を上回ったが、両地域とも地域住民との連携に課題を抱える。

屋上の29本の「命綱」

安全な避難場所を事前に定め、大津波に備える──。大川小の事故が残した教訓の一つだ。ただ、高台が近くにない沿岸部の学校は全国各地に数多くあり、手探りの対応に追われる。

「これが『命綱』です」

伊勢湾に臨む三重県多気郡明和町の大淀小（児童107人）の辻雅大《まさひろ》校長が校舎屋上に案内してくれた。フェンスの足元には、長さ4メートルほどのロープ29本が外周に沿って取り付けられていた。津波に襲われた際、しがみつくためという。

「この辺りは本当にフラット。大津波が来れば一面水没する。高い場所に逃げなさいと言っても、ここしかない」

同小は港からわずか60メートルに立地し、標高2メートル。周辺は住宅地とのどかな田園風景が広がり、屋上(標高13・5メートル)より高い場所はない。南海トラフ巨大地震で、港には最大6・9メートルの津波が襲来すると予測されている。

町は地域の避難場所を学校屋上に指定しつつ、「時間がある時はできるだけ『避難目標ライン』を目指してほしい」(防災企画課)と要望する。だが、町が設定した「避難目標ライン」は3キロ以上も先にあり、狭い路地を通る必要がある。児童や教職員の避難先について、町の担当者は「状況に応じ、現場の先生が適切に判断してほしい」と述べる。

辻校長は「子どもを集団で動かすとなれば1時間は必要。津波が予測された時刻に来るかは分からないし、移動する余裕はない」と話す。津波避難場所を校舎屋上と規定し、液状化など危険な場合は津波避難タワー(同8・4メートル)へ。巨大地震が発生すれば、極限の状況下で究極の選択を迫られる。

「町としてはより安全で、浸水の恐れがない場所に学校を移転したいが…」。町教委の荒木隆伯《たかのり》総務係長はこう述べつつ、「財政難が壁」と明かす。町内唯一の中学校は築60年近く、役場庁舎も県内で最も古い。計約16億円を投じて津波避難タワー6基を5カ年で整備する計画があるものの、小学校移転のめどは立っていないという。

13年から4年間校長を務め、「命綱」を設置した児島敏昭さん(現在は同町斎宮小校長)は「行政任せの姿勢では命を守れない。助かるために何ができるのか、考え得る限りのことを実行した」と振

屋上に設置された「命綱」をつかむ辻校長．すぐ奥の大淀港に 6.9 メートルの津波が想定されている＝2018 年 3 月 8 日，三重県明和町の大淀小

り返る。一見、荒唐無稽に映る命綱の設置は苦渋の選択でもあった。

年3回程度だった避難訓練を11回に増やした。ペットボトルのキャップを避難経路にまいて散乱するガラスに見立てたり、教職員に抜き打ちで実施したりと、毎回判断力を鍛える工夫を凝らす。児童の席には防災用ヘルメットとライフジャケットを常備。廊下にも数メートル間隔で配置し、緊急時に備える。

「東北では想定をはるかに超える津波が来た。どれだけの備えをすれば安全なのかは分からない」

辻校長は不安をのぞかせながらも「どんな備えも無駄とは言い切れない。教職員も津波への心構えは日頃からできている。現時点で最善の場所で、命を守る手だてを進めたい」と話す。

◎アンケート・東南海では

河北新報社が教育研究者と共同で実施した東南海学校アンケート(回答数269校)で、津波避難場所を規定している学校のうち「近隣の高台」と回答したのは47・9%にとどまり、東北の60・7%を下回った。自由記述は「高台が子どもたちの居住地にない」「リスクを考えた移動想定が不十分」など。

石巻市大川小事故の受け止めについて、東南海の回答は「大いに教訓にしている」75・8%、「多少教訓にしている」20・1%、「状況をよく知らない・無回答」4・1%だった。

エピローグ「未来をひらく」ために

どうすれば伝わるだろう

石巻市大川小は2018年3月に閉校し、145年の歴史に幕を閉じたが、被災した校舎を訪れる人は今も後を絶たない。エピローグでは、大川小の校歌「未来をひらく」を文字通り体現する人たちの言葉から、「あの日」をめぐる過去、現在、未来を探る。

〈大川小6年の次女みずほさん(当時12)を亡くした佐藤敏郎さん(54)は、18年4月26日、初めて法廷に入った。大川小津波訴訟の仙台高裁判決。震災以前の防災対策の不備を認めた判決を傍聴席で聞いた。自身は裁判の道を選ばなかったが、提訴から4年、児童23人の19家族が勝ち取った結果に涙した〉

7年たって、ようやく「スタートライン」が引かれた思いだった。大川小の出来事に、子どもの命に意味付けをしたい。原告の人たちも、参加しなかった俺たちも一緒に訴えてきたことが認めてもらえた、と。

判決が書いているのは、決して難しいことじゃない。「念のためのギア」。津波が来るかもしれないから、念のために計画を立てる。大津波警報が出たから、念のために逃げよう、ということ。子どもたちの命を思えば、ギアは自然と上がる。当時想定されていた宮城県沖地震に備えてさえいれば救えた。そういう判決だと思う。

地域の人が「大丈夫」と言ったのだから仕方がない、という意見がある。住民には逃げる人、残る人がいた。子どもは危ないと思っても動けない。判決が学校側に求めた「地域住民よりはるかに高いレベルの知識と経験」とは、学者のような専門知識ではない。子どもを預かる学校と地域の「念のためのギア」が同じでいいはずがない。

津波が来た瞬間、先生たちは悔しかったと思う。絶対に後悔したはず。約50分あって、ほんの1分程度しか移動しなかったこと。そして3月11日以前、あらかじめ準備していれば、と。そんな後悔にも判決は向き合ってくれたと思う。

〈石巻市と宮城県は、判決を不服として最高裁に上告した。「学校現場に過大な義務を課す」との上告理由に、元教員でもある佐藤さんは失望した〉

7年間積み重ねてきた、343ページに及ぶ判決文という「スタートライン」が、簡単に消されてしまった。市にも県にも伝わらなかったのか。

あの判決に新たな会議や研修、分厚いマニュアル作りを思い浮かべる人がいる。判決はむしろ、形だけの会議やマニュアルは必要ない、と言ってるんじゃないか。思い浮かべるべきは、子どもが走り回り、笑顔が輝く学校の様子。それは、命が守られることが前提だ。そのために本当に必要な

わが子が通った大川小を案内する佐藤さん．あの日の「命」を伝える地道な取り組みが続く＝2018 年 5 月 27 日

マニュアルや研修で備えようと。きっと現場の先生はやりやすいはずだ。

あの時、子どもを守れるのは先生しかいなかった。石巻市の第三者検証委員会(13～14年)がまとめた「提言」は、判決よりはるかにレベルの高い対策を求めた。あらゆる研修をやれ、校舎は3階建てにしろ、監視カメラや地震計を設置しろ…。そこまでしないと子どもを守れないのか？　そうじゃない。判決は、先生という職業の誇り、自覚を言葉にしてくれた。

〈どうすれば伝わるんだろう。佐藤さんは考え続けている〉

大川小に、緩やかな傾斜の裏山があったこと。そこに行かなかったこと。命を救えなかったこと。全て事実。山が命を守るわけじゃない。命を救うのは、山に登るという判断と行動。そこに向き合いたい。大丈夫だと思っても逃げる。なぜできなかったのか。最優先にしていたのは子どもの命だったのか…。

「子どもが目の前にいても恥ずかしくないことを話そう」。ずっと基準にしてきた。判決の重みや意義を、343ページを読み解かない人にも端的な言葉で伝えたい。小中学生にも伝わるような言葉を見つけたい。

垣根越え、向き合う場を——元教員の遺族として

〈佐藤敏郎さんは、2015年に28年勤めた中学教諭を退職。大川小での語り部、ラジオのDJ、全国での講演、被災地の若者らをサポートする活動などに飛び回る〉

遺族になってしまったことも、元教員であることも降りられない。自分の持ち味。変に分けず、絵の具のように溶け合っていいと思うようになった。

大川小を案内するときに言っている。「石ころと雑草だらけのこの校庭は、子どもたちが運動会で駆け回った場所です。思い浮かべてください」と。3月11日は卒業式の1週間前。娘（みずほさん）の中学校の制服が届く日だった。特別じゃない場所、特別じゃない日に津波は来た。

「あの日まで」「あの日」「あの日から」があって「これから」がある。地域や学校、子どもの様子を丁寧に話すことが、「あの日」をより伝えるんじゃないかと、最近強く思う。

〈大川小には、佐藤さんらが手作りした簡単な案内板が立つだけ。石巻市は震災遺構として校舎の保存を決めたが、整備に向けた議論は進んでいない〉

大川小抜きに学校防災は語れないのに、市は上告した。教訓を生かそうとしない状況で、何を伝

え、何を学ぶというのか。むしろ、今のままでいいんじゃないか。最低限危険がないように整備すれば、大々的な「鎮魂の森」など必要ないんじゃないか。

校舎は今、誰が監督するわけでもなく、ボランティアや遺族が掃除し、たくさんの花が植えられている。どんな場所になろうとしているのか。もはや説明はいらないんじゃないか。校舎そのものが物語っている。

あの場所に「風化」はない。今を生きる私たちが、なぜ校舎を残したのか。きっと未来の人たちは考える。今と未来をつなぐ大事な問い掛け。それに答えてくれる場所であればいい。

〈遺族らでつくる「小さな命の意味を考える会」が作成した冊子は、これまで6万冊が無料配布された。語り部と合わせた地道な活動の先に、佐藤さんは「未来」を模索する〉

報道で100％は伝えられない。それでも報道を入り口に現地に来た人が周囲の10人20人に伝えれば、遠回りに見えて世の中を変える近道なのかもしれない。できるだけ多くの人と直接会って対話していきたい。

きれい事だけじゃない。石巻市教委による聞き取りメモの廃棄や、心ない対応があった。前例のない事故だからこそ、前例のない着地点が必要なのに、市教委も検証委も慣例にとらわれて変わろうとしなかった。子どもの命が言い訳やうそでごまかされるのは嫌。何を守ろうとしているのか、なぜ裁判まで至ったのかを問いただした上で、建設的な話をしたい。

教育委員会は信頼を取り戻さないといけない。報道は二項対立の図式にしがちだけど、子どもを真ん中に置いて事実に向き合えば、血の通った対話はできるはずだと、今も思っている。

大川小の出来事に、子どもの命に意味付けをしたい。今の大川小は、もめてる、悲惨、かわいそう、というイメージかもしれない。その通りだけど、それだけじゃない。目を背けたくなるようなことにも向き合い、発信することで価値が生まれる。そういう「未来をひらく」場所だと言いたい。未来って何か。例えば、将来の命が一つでも二つでも失われずに済んだら。ふるさとや学校の素晴らしさを分かってもらえたら。「未来をひらく」ことになる。それぞれが考えて、答えを見つけてほしい。

地域、年齢、遺族と遺族以外…。いろんな垣根を越えて、大川小と向き合える場をつくりたい。「3・11」は過ぎ去った出来事じゃない。あの日の大川小の校庭は、全国どこにでもある。そのことを語り合い、伝え合いたい。

コラム　ネットにあふれる児童遺族への中傷

東日本大震災の津波で犠牲になった石巻市大川小の児童23人の19遺族が、市と宮城県に約23億円の損害賠償を求めた訴訟は、法的責任の有無とは別に「損害の大きさ」も論点だった。仙台高裁判決は遺族の慰謝料を大幅に増額し、一審を約1000万円上回る約14億3610万円の賠償を認めた。一方、遺族は提訴直後からインターネット上を中心に無数の誹謗中傷にさらされ続けた。有識者は「問題点を明らかにし、再発防止を図る目的が裁判にはある」と指摘する。

高裁判決直後、遺族代理人の吉岡和弘弁護士が声を詰まらせた。慰謝料の認定理由を読み上げた時のことだ。

「親にとって被災児童はかけがえのない存在であり、日々の生活の中心だったと言っても過言ではない。児童に愛情を注ぎ、成長に目を細め、将来に期待を抱いていた」

「親は自らスコップを片手に必死にわが子を探し求め、変わり果てた姿と対面し、遺体を拭いて清めることもかなわずに葬らざるを得なかった」

吉岡弁護士は「遺族の苦しみ、心情に寄り添ってくれた」と受け止めた。

遺族側は訴訟で「社会の中で最も安全なはずの小学校で児童が被災した」と、他の死亡事故との違いを強調。「本当はわが子に帰ってきてほしいが、せめて未来の命につながる司法判断を望む」と訴えてきた。高裁は親の慰謝料を1人500万円と一審の5倍に増額。いまだ行方不明の児童にも触れ、「わが子の姿を追い求め、遺体が発見された遺族以上の辛苦を味わっている」と上積みした。

慰謝料は裁判所が裁量で決める。高裁判決には「児童の無念と恐怖、苦痛は筆舌に尽くしがたい」とも記され、大川小の防災対策の不備などを総合的に考慮したとみられる。

高裁判決から一夜明けた27日、ネット配信記事のコメント欄は荒れた。

「子どもの命を利用して賠償金をむしり取ろうとする親」「追い掛けたのは真実じゃなくて金でしょ」

提訴後、大手ニュースサイトに記事が掲載されるたびに繰り返されてきた光景だ。遺族の中には職場の同僚から「賠償金もらえていいな」などと直接言われた人もいる。

6年だった長男大輔君を亡くした原告団長の今野浩行さんは、「裁判は苦しく、人間不信になる。結果にかかわらず早く終わってほしいと弱気になる自分もいる」と告白。別の遺族は「世間は判決の中身ではなく、『14億』という数字しか見ない」とこぼした。

原発事故賠償や公害訴訟に詳しい立命館大の吉村良一教授（人身損害賠償）は「お金に代えられない『死』が被害の場合、批判は常につきまとうが、誰かが声を上げなければ日本の社会は変わらない。大川小遺族の行動は非常に貴重だった」と評価。「事故前後の問題を明らかにして適切に損害を認定すれば、学校防災の改善につながっていく。裁判の意義を丁寧に知らせることが状況改善に有効だ」と指摘する。

コラム　校舎保存へ

2018年3月に閉校した大川小は、同市二俣小に統合され、145年の歴史の幕を閉じた。二俣小で閉校式が行われた同年2月24日、卒業生たちが大川小の被災校舎を訪ね、母校への慕情を募らせるとともに、後輩たちへの思いをはせた。

同日午後、石巻市釜谷地区。卒業生の男女3人が、震災遺構として保存される大川小の校舎を訪れた。東京都の大学3年佐藤そのみさん、同市の専門学校生紫桃朋佳さん、同市の高校3年只野哲也さん。5、6年生の教室や廊下を歩き、思い出話に花を咲かせた。

佐藤さんは「大川小は私の原点。伸び伸びと過ごすことができ、本当にいい学校だった。閉校は寂しいけれど、この場所が残っている」と話す。

3人は14年3月、他の卒業生3人と共に「チーム大川」を結成。夢や思い出が詰まった被災校舎の保存を訴えてきた。

校舎から約10キロ離れた同市二俣小の体育館では閉校式後、「ありがとう大川小学校の会」もあった。1985年に被災校舎ができた頃からの学校生活を振り返る映像が流れ、在校生と卒業生が伝統の「大川ソーラン」を披露した。

紫桃さんは「校舎がきれいだった時、楽しかった時の映像を見ることができた。閉校しても

被災した大川小校舎を訪れ，思い出を語り合う（左から）只野さん，紫桃さん，佐藤さん＝2018年2月24日

大川小の思い出は忘れない」と言う。

大川小では児童74人と教職員10人が犠牲になった。3人はいずれも、大川小に通っていたかけがえのない妹を亡くした。

一生の付き合いになると思っていた大切な人が、明日も生きているとは限らない。只野さんはそう身に染みて感じている。だからこそ、新たなステージへと向かう在校生に伝えたい。

「大川小出身ということに誇りを持ち、胸を張って生きてほしい。人と人とのつながりは大事。しっかりと学校に通い、しっかりとした生活を送ってほしい」

只野哲也さんには、心残りがある。「『さようなら』が言えなかった」

2011年3月11日午後2時46分。「起立」。石巻市大川小の5年生教室。帰りの会を終えようとした瞬間、大きな地震が来た。東日本大震災だった。

約50分後、大川小を襲った津波は、多くの友達と家族を奪った。3年の妹未捺さん(当時9)、母しろえさん(同41)、祖父弘さん(同67)。この日は母の誕生日。妹はパーティーを楽しみにしていた。突然の別れだった。

只野さんは津波にのまれながら助かった。「奇跡」と言われた。殺到するメディアに体験を語り、校舎の保存を訴えた。「二度と同じようなことが起きてほしくない」「思い出の校舎を残してほしい」。後先など考えず、素直な気持ちを無我夢中で言葉にしてきた。

石巻市は、校舎を震災遺構として保存することを決めた。よかったと思う半面、「言い出しっぺ」の責任がのしかかった。「出たがり」などと陰口を言われ、何度も傷ついた。

成長とともに、世間の目が気になった。さまざまな意見や考えが耳に入る。誤解を恐れ、言葉が以前のように出ない。語り続けてきた「大川小の只野哲也」の存在が、疎ましくも感じた。それでも、懸命だった過去の自分に背中を押されるように、語ってきた。

大川小には今も多くの人が訪れる。元教員で遺族の佐藤敏郎さんらとともに、何度か語り部に加わった。関心を持って来てくれた人に、震災で学んだことを伝えたい。でも、果たして伝わってるんだろうか。自信がない。「自分には、まだ難しい」

日々のニュースを見て考える。災害、事故、殺人事件、いじめ。遺族が語る。「二度と繰り返し

大川小で笑顔を見せる只野さん．日々に流されそうになる自分に「原点」を思い出させてくれる場所だ＝2018年6月13日

てほしくない」。関係者が頭を下げる。「再発防止に努めます」。しかし、悲しみは繰り返され続けている。

大川小の歩みが重なる。父英昭さんらが声を上げ続けた7年間。世の中は変わったのか。いつ起きるか分からない次の大災害で、自分と同じ苦しみを味わってほしくない。「大切なものを失ってしまう前に、自分のこととして気付いてほしい」。伝えたい気持ち、伝える難しさ。

18年春、大学生になった。幼少期から高校まで、柔道に没頭することが自分を支えてきたと気づいた。今になって、家族や友達を亡くしたことの悲しみ、つらさが増したように感じる。

大学で震災が話題になることはほとんどない。誰かが言った。「いつまでもそんな過去のこと言ってもしょうがないじゃん」。関心の薄れ、風化に反発する自分は、震災に縛られて生きているだけなんだろうか。いや、忘れちゃいけない。頭の中で、堂々めぐりする。

運転免許を取った。時折、車で大川小に行く。住民総出で盛り上がった運動会。校庭で食べるお弁当が楽しみだった。体育館は学芸会の練習を思い出す。中庭は一輪車で転びまくった。楽しい思い出と、あの日の恐怖。祭壇に手を合わせ、思う。「生きるか死ぬか、怖かったことを思い出して、あの日の俺に恥じないように生きなきゃ」

18年2月、大川小の閉校式があった。最後の校歌斉唱。「われらこそ　あたらしい　未来をひらく」

幼い頃、震災も、今の自分も想像できなかった。未来も、どんな自分になるのかは分からない。迷いと不安に揺れながら、「意見や考えを否定したり押し付けたりせず、人の痛みや悲しみを共感できる人でありたい」と思う。

過去は変えられない。痛みも悲しみも受け止めて、「奇跡」の先の、未来を生きていく。

あとがき

大震災から2週間たった頃、石巻市大川小に子どもを通わせる父親が河北新報社に連絡し、「この悲劇を世界中の人に知ってほしい」と訴えた。6年の男の子が津波の犠牲になったという。全校児童108人中、70人が死亡、4人が行方不明となり、一緒にいた教職員11人中10人が亡くなるという「大川小の悲劇」の端緒は、比較的早い段階でもたらされていた。ただ、東日本大震災の死者は1万5897人、行方不明は2532人(2019年6月現在)。最大被災地・石巻市の死者は3277人、行方不明は420人に上る(同)。子どもが多数亡くなったにもかかわらず、「大川小の悲劇」は当初、被災地にあまたある悲劇の中に埋もれていた。

父親は記者の取材に「誰が悪いではなく、徹底的に検証してほしい。今後のために子どもたちの犠牲を無駄にしてほしくない」と話した。愛するわが子を失った悲しみや無念さ、やり場のない怒りもあっただろう。当時の記事を読み返し、悲しみのどん底でもがき苦しみながら、既に「検証」の大切さを訴えていた父親の慧眼に驚く。

子どもたちの犠牲に向き合い、せめて未来への教訓とすることが鎮魂につながる――。「あの日どうすれば良かったのか」「あの日までどう備えるべきだったのか」。当事者にとって辛く苦しい作業だが、徹底した検証から「大川小の教訓」を導き、石巻市や宮城県が全国に発信するものだと誰もが期待し、そう信じていた……。

登校から下校までを学校管理下と言う。「行ってきます」から「ただいま」までの間だ。東日本大震災まで、学校は社会で最も安全な場所だと信じられていた。学校管理下の事故といっても、登下校中ではない。大川小では教員の指示に従っていた多数の子どもたちが犠牲になった。「学校管理下中の管理下」だったのが大川小事故の最大の特徴であり、犠牲者の多さも相まって全国の注目を集めている。

「最も安全なはずの学校にいたのに、なぜわが子は亡くなったのか」。学校管理下で戦後最悪とされる事故にもかかわらず、遺族が納得できる答えは出ていない。遺族が最も知りたい答えは、10回の遺族説明会、第三者検証委員会による1年間の調査・検証、一・二審判決を通しても出なかった。11人いた教職員の中で唯一生き残った男性教務主任は、震災後にＰＴＳＤを発症し、長い沈黙を続ける。

大川小は２０１８年3月、１４５年の歴史に幕を閉じた。同年4月には、大川小津波訴訟の控訴審判決が仙台高裁であり、原告の児童遺族が一審に続き勝訴した。河北新報社は被災地の地元紙として、この節目に一から事故を検証し、「大川小の教訓」を全国に発信すると同時に、真相究明を求める遺族の期待に応えようと半年間に渡る調査報道を連載した。その際の連載「止まった刻《とき》　検証・大川小事故」(計49回)に加筆・修正したのが本書である。本書における「現在」は連載掲載時

（18年1〜6月）を指すことを改めてお断りしたい。

タイトルの「止まった刻」は、あの日から止まった遺族の心と大川小の時計を表し、検証によって1分1秒でも時計の針を進められたらとの願いを込め、本書でも同じタイトルを用いた。

プロローグは、当時現場にいた教職員11人中、唯一助かった男性教務主任の3・11を追った。独自取材を基に、これまで未解明だった教務主任の避難ルートをほぼ特定し、最後まで児童と一緒に行動していた可能性があることを紹介した。

第1章「そのとき、何が」は、3月11日午後2時46分の地震発生から津波襲来までを分刻みで再現し、「あの日、何ができたか」あるいは「できなかったか」を検証した。天気、気温、防災無線のアナウンス、ラジオ放送、消防無線などの客観情報を加味しながら、学校、校庭、周辺での会話や様子をできる限りリアルに再現すべく、証言者や資料捜しに奔走した。ディテールに徹底してこだわったのは「正しい情報こそが正しい判断や教訓を導く」と信じるからだ。誤解を恐れずに言えば、読者に大川小事故を追体験してもらい、自分ならどう行動したかを考える契機としてほしい。

第2章「真相は、どこに」は、震災直後に児童ら生存者に聞き取った証言メモを廃棄するなどした石巻市教委による説明の矛盾点、第三者委の限界、仙台地裁への提訴から仙台高裁判決に至る過程を追った。特に控訴審で争われた事前防災に焦点を当て、大川小事故を機に全国に広がる波紋を描いた。

第3章「災害列島の学校で、いま」は、東北被災3県（岩手、宮城、福島）132の小中学校、東南海7県（神奈川、静岡、愛知、三重、和歌山、徳島、高知）の沿岸部269の小学校から回答を得た大規模なアンケート調査の結果を踏まえ、間一髪で難を逃れた学校など、各校の防災への取り組みと直面するジレンマを報告した。

エピローグでは、語り部として発信を続ける遺族で元教員の佐藤敏郎さんと、「奇跡の子」と呼ばれた只野哲也さんの活動をたどった。

子どもの命を守り抜き、震災で悲しい思いをする人たちを二度と生まない——。「大川小の教訓」を全国に発信することが、被災地で被災者と共に歩み続ける河北新報社に課せられた使命だと思う。同時に大川小事故取材班のメンバーが常に心に刻み付けていたという原告団長の今野浩行さんの言葉を紹介したい。

「学校防災のために子どもを産み、育てたわけではない。本人には夢もあった。助からなかったため、教訓という言葉を使うしかない。あの日、校庭で何があったのか？　事前の備えは十分だったのか？　なぜ、大川小だけだったのかを検証しなければ、次の教訓にはならない」


連載は、前報道部長の木村正祥（編集局次長）と現報道部長の冨樫茂が統括した。大川小事故取材班のメンバーは、デスク兼キャップの山﨑敦、サブキャップの村上浩康、片桐大介、斉藤隼人、写真部の庄子徳道、高橋諒の6人。大川小取材に関わってきた水野良将、氏家清志、横山勲ら多くの同僚記者の協力を得た。

連載は18年度新聞協会賞を受賞するなど大きな反響を呼んだ。授賞理由で「生存者が限られる中、関係者の証言を丹念に拾い、地震発生から津波襲来までの50分間を分刻みで克明に再現し、避難先決定プロセスの核心に迫るとともに、巨大地震に備え全国の学校が共有すべき課題も多角的に報じた。真相究明を求める遺族の思いに応えるため、地元紙の使命として取り組んだ一連の企画は、震災の貴重な記録となり、今後の学校防災の指針になる」との高い評価を得た。望外の喜びである一方、取材班には「賞に値する仕事だったのか」「このテーマで受賞していいのか」と今も葛藤があるのも事実だ。受賞と今回の出版を機に、大川小事故に改めて注目が集まり、鎮魂の祈りが全国に広がり、再発防止に少しでも寄与できれば幸いだ。

私たちの連載に目を止め、出版を企画した岩波書店編集部の山本賢氏の理解と情熱がなければ、本書は実現しなかった。深く感謝を申し上げたい。

最後に、貴重な時間を割いて取材にご協力いただいた遺族をはじめとするすべての方々に感謝を申し上げ、震災で犠牲となられた方々のご冥福をお祈りしたい。

２０１９年６月

河北新報社編集局長　今野俊宏

止まった刻《とき》 検証・大川小事故

2019年 7月 5日 第1刷発行
2020年11月25日 第5刷発行

著　者　河北新報社報道部《かほくしんぽうしゃほうどうぶ》

発行者　岡本　厚

発行所　株式会社 岩波書店
〒101-8002 東京都千代田区一ツ橋 2-5-5
電話案内 03-5210-4000
https://www.iwanami.co.jp/

印刷・精興社　製本・中永製本

ISBN 978-4-00-061348-4　Printed in Japan
日本音楽著作権協会（出）許諾第 1905450-005 号

東北・東南海沿岸部　学校アンケート

理解と連携　備えの鍵

河北新報社が学校防災研究メンバーと実施した東北・東南海学校アンケートからは，学校を取り巻くリスクをいかに理解・共有し，実効性のある対策につなげるか，教育現場が手探りの状態であることが浮かび上がった．両地域の比較や分析を通して学校防災の現状と課題を探る．

東北，震災風化を危惧／「命守る」原点立ち返って

東日本大震災から7年．児童と教職員計84人が犠牲となった石巻市大川小の事故を踏まえ，教育現場の「備え」はどうなっているのか．アンケートで浮かび上がったのは「理解」と「連携」という二つのキーワードだ．

学校がある地域のハザードマップや津波リスクなど地域の実情を理解しているか．避難場所や移動手段，意思決定，児童生徒の引き渡し，住民対応などあらゆる場面を想定し，教職員が共通認識を持っているか—．

アンケートは，子どもの命を預かる教職員や教育委員会，保護者，地域，行政機関などの理解と連携が，今なお道半ばであることを明らかにした．依然，多くの学校がリスクの有無にかかわらず自治体の津波避難場所に指定され，現場が不安を抱いていることも分かった．

防災全般の取り組みに，東北と東南海で大きな差異は見られなかった．震災を教訓に東南海が防災レベルを底上げしたとみられる半面，震災7年を経た東北の現場からは危機感が薄れ，風化を懸念する声も上がった．

大川小事故を巡る損害賠償請求訴訟で，2018年4月26日の仙台高裁判決は，事前防災における学校幹部や市教委の不備を認めた．判断の根底に

【東北】今後また津波が襲来した場合の課題は	県
児童の生命を一番に考えることを基本理念とし，そのために教職員１人１人が具体的に判断できるようにする	岩手
登下校時，スクールバスでの避難において，教委，バス会社との連携がしっかりできるか？　子供たちの安全確保の徹底	岩手
保護者や地域の方との連携をさらに深めるために，保護者や地域住民も参加する避難訓練を実施し，地域ぐるみの防災意識を高めていく	岩手
防潮堤が建設され，妙な安心感が生まれることが怖い．本地域では，地震即津波という意識を高め，風化することのないよう防災教育を通して語り継ぐことが大切	宮城
警報が出ている間は引き渡しをしないことを確認しているが，それが実際に守ってもらえるか(早く来て引き渡してほしい，途中で保護者が被害に遭うなど)が心配である(児童は安全に避難させることができるので)確実な情報が得られるか，伝達できるか	宮城
本校にも多くの地域住民が避難してくる．地域の役員が対応するが，教職員が少なからず支援しないといけない．想定外にも十分に対応できるように，教職員は研修を積まなければいけない	宮城
津波注意報，警報が出されている場合の児童の引き渡しについて，行わない方向にマニュアルを書き換えたほうが良いのではないかということ	宮城
町の防災対策室と連携を図って準備をしているが，災害時，もし防災対策室と連絡が取れなくなった場合の対応について，想定しておく必要がある	宮城
震災から７年が過ぎ，入学する生徒も当時の状況について記憶が曖昧な世代となる．津波をはじめとして，震災の風化を防ぐための教育活動を行うとともに，自然災害に対応する力，非常時に判断する力を防災教育を通して高めたい	宮城

あったのは「学校は安全で，安心して児童を通わせられる場所でなければならない」との基本理念だ．

東北や東南海に限らず，「次」の大災害で第二の大川小を決して出してはならない．何より優先すべきは子どもたちの命だ．その原点に学校現場はもとより，私たち大人が立ち返る必要がある．

今後の課題／教訓・知識共有に懸念

アンケートでは，東北に「今後また津波が襲来した場合の課題」，東南

【東南海】南海トラフ巨大地震の津波が襲来した場合の課題は	県
避難場所(本当に屋上でよいか)，屋上の寒さ，備蓄品の不足，役場の対応や認識の甘さ・行動力の足りなさ(地域防災，役場)，きちんとした会(防災会議の場)がない，高台が子どもたちの居住地にない	静岡
地域の防災計画を児童が理解していないため，地域と住民がさらに情報交換を密にし，児童も積極的に地域の避難訓練などに関する行事に参加できるようにしたい	愛知
想定にとらわれるな．率先避難者となれ．ベストを尽くせ	三重
高台まで避難する経路の安全を考えて，状況に応じた複数コースを想定しているが，どちらにも国道や用水など，リスクを考えた移動想定が不十分であり，対応を考えるところまで準備できていないこと	三重
地域づくり協議会が発足するので，地域と共に避難訓練ができると思う．「心配しすぎ」と笑われてもいいぐらい普段から意識しておくべきだが，立場の違いによって温度差がありなかなか進まない	三重
かなり高確率で津波に襲われるが，管理職と防災担当以外は津波に関する知識が不足していて不安が残ること	和歌山
地域には学校外に高い建物がなく，避難場所について毎年話し合っている．川を越えて行くのか，1時間かけて山に行くのか．結局，校舎にとどまるのがベストではないか，となる．しかし，近隣に大きな工場があり，工場火災や爆発，倒壊などが心配される	和歌山
保育所・幼稚園・小学校・中学校と4施設が隣接しているため，津波の被害から命を守るにはすべての施設の高台移転しかないと考えている．予算は大変だと思うが	高知
学校見取図をA1大のマグネットシートに印刷し，避難してきた誰にもわかりやすく，機能できるよう努める．地区名を書いたカードも作り，それらを利用した訓練を6年生も加えてやっていく．大人になってリーダーとして行動できることも狙い	高知

海に「南海トラフ巨大地震の津波が襲来した場合の課題」を，それぞれ自由記述で回答してもらった．

東北では「津波警報時は引き渡しをしないことが守られるか心配」(宮城)「避難住民への対応」(同)「町と連絡が取れない場合の対応」(同)など，東日本大震災の教訓を踏まえた具体的な言及が目立つ．

一方，「防潮堤が建設され安心感が生まれることが怖い」(同)「入学する生徒の震災当時の記憶が曖昧な世代になる」(同)といった，震災から7年

を経て地域インフラの復興が進む中で教訓や記憶の風化を危ぶむ声もあった．

東南海は懸念される津波災害に際し，具体的な避難行動の方法を取り上げる意見が目立った．「本当に屋上でよいか」(静岡)「リスクを考えた移動想定が不十分」(三重)などの声に教育現場の不安がにじむ．

被災経験がなく，いつ起こるか分からない災害への備えは手探りだ．「管理職と防災担当以外は知識が不足していて不安が残る」(和歌山)と，現場が共通認識を持つ難しさを明かす意見もあった．

引き渡し／判断基準・対応に差

今回のアンケートは東北と東南海で調査対象の選び方が異なるため単純な比較はできないが，学校防災に関する大まかな傾向は把握できる．両地域で顕著な違いが出たのは，児童生徒の保護者への「引き渡し」における判断基準だ．

職員会議で引き渡しを検討したことがある学校では，東北 98.9%，東南海 90.5% と，ともに 9 割超の学校が保護者と何らかの取り決めをしている．ただ，個別に内容を見ると，「津波注意報・警報の発令中は引き渡さない」が東北 66.3% に対し，東南海 30.6% と大きな開きが出た．

「事前登録者だと確認できれば引き渡す」は東北が 14.1% なのに対し，東南海は 49.3% とほぼ半数に上る．東日本大震災では引き渡し後の児童生徒が多数犠牲になった．東北では警報中の引き渡しを行わない学校が震災後増えており，対応に差が出た格好だ．

大川小のケースでは，教職員が引率中の児童が多数犠牲になったが，引き渡しに関するルールを保護者に事前に周知していなかったことが後に問題視された．

引き渡しや避難行動を判断する際に不可欠な情報収集に対する考え方にも差が出た．防災マニュアルの内容を聞いた設問(複数回答)で，「津波の情

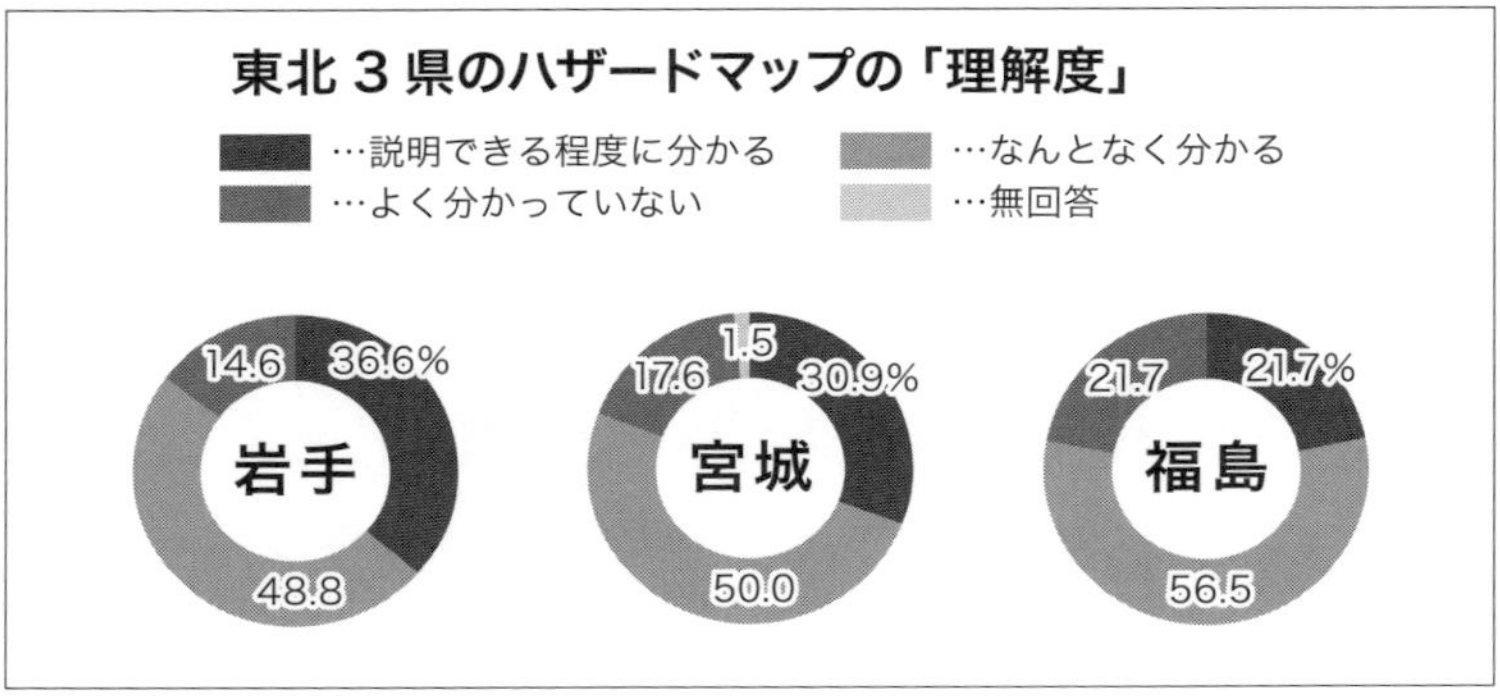

報収集」を挙げたのは東北 66.1%，東南海 44.4%．震災時，停電でテレビが見られないなど，情報が遮断された経験の有無が表れたとみられる．

「安全な学校」手探り

ハザードマップ／「理解度」対策に影響

東日本大震災の巨大津波は，社会に広がる「ハザードマップ至上主義」に警鐘を鳴らした．ハザードマップが示す浸水予想区域はリスクを測る参考情報に過ぎないが，アンケートでは「浸水域外だから安心」が東北で 8.3%，東南海では 10.0% あり，「安心材料」と捉える傾向が根強く残ることが分かった．

ハザードマップの浸水域がどのように決められているかの「理解度」は，実際の取り組みにも影響している．東南海で「説明できる程度に分かる」と答えた学校(28.3%)は，浸水域から通う児童の登下校について，保護者と取り決めをしている割合が高かった．

逆に，理解度が低い学校は，浸水域に住む児童のリスクを十分考慮して

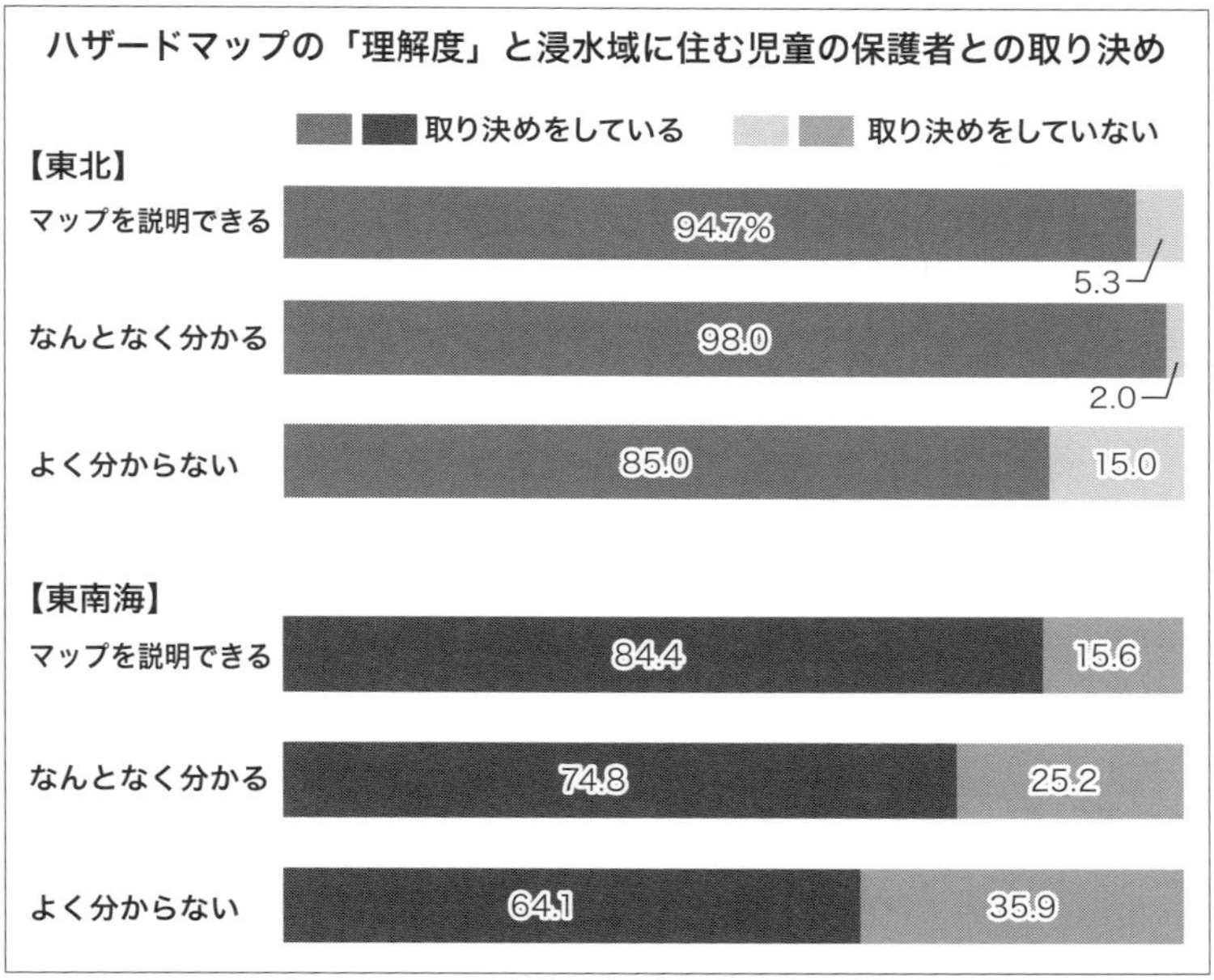

いないことになる．東北の場合は，理解度にかかわらず取り決めをしている学校が多かった．

震災では，自治体の津波避難場所に指定された体育館が津波に襲われ，多数の住民が犠牲になった．東北で体育館が指定避難場所となっている学校は，ハザードマップの浸水域外の場合 82.1% に上る一方，浸水域に含まれる場合でも 50.0% に上った．東南海も体育館の割合は浸水域外 90.1 % に対し浸水域 53.7% だった．

危険度に応じて高台など体育館以外を選択する傾向があったとはいえ，学校が浸水域にありながら避難場所に指定されているケースは多い．行政の防災部署や地域組織と協議し，早急な見直しが必要だ．

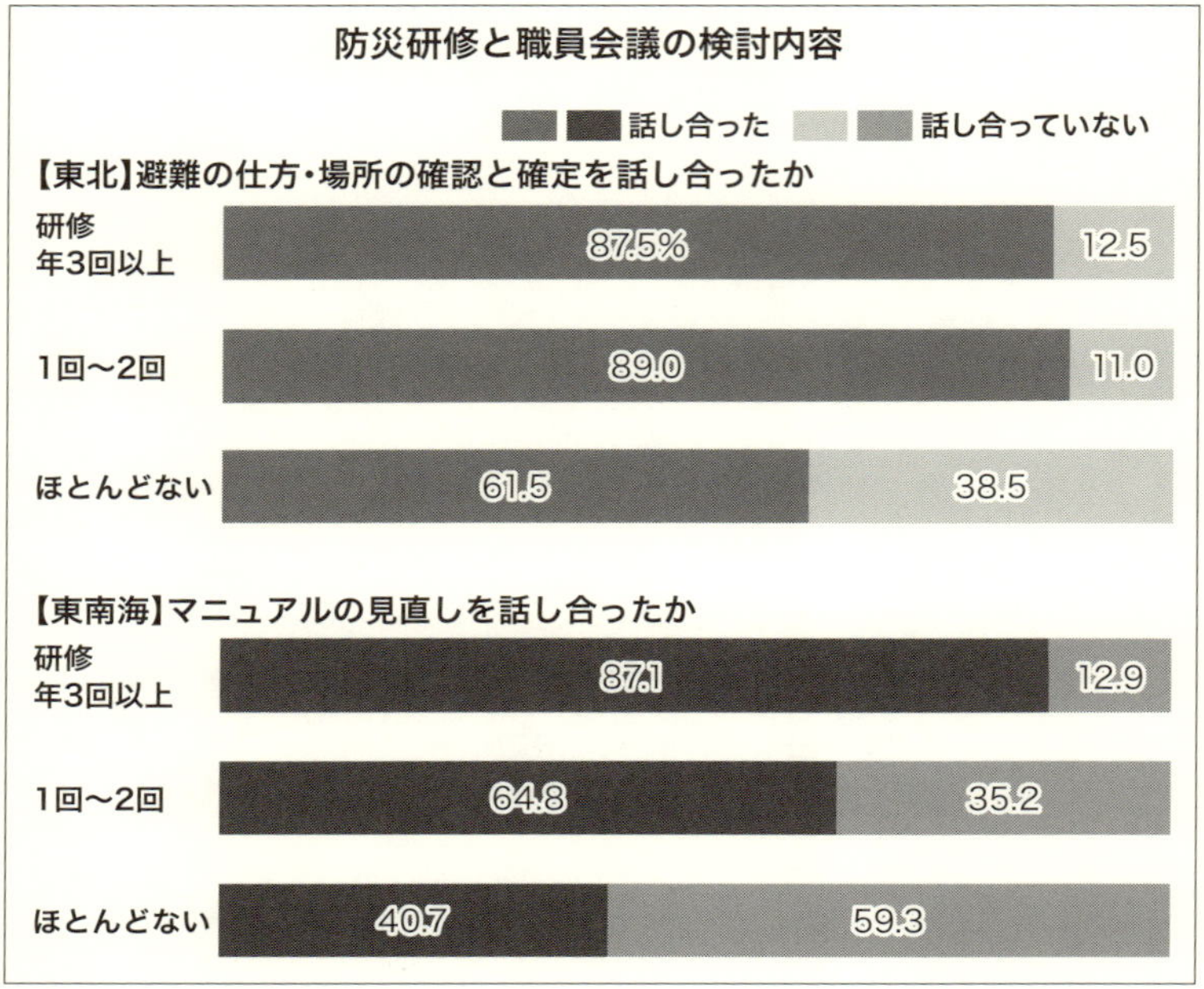

〈ハザードマップ〉 津波や洪水，土砂災害，火山噴火といった自然災害の被害を予測し，範囲を地図化したもの．地域の防災対策や迅速な避難を促す目的で国や都道府県，市町村などが作成する．文部科学省の調査では，東日本大震災の津波が到達した岩手，宮城，福島３県の教育機関 131 校のうち，69 校は浸水予想区域外にあり，各地で予測の見直しが進むきっかけになった．

防災研修／取り組み　一定の効果

教育委員会が主催する防災研修の有効性を調べるため，研修の開催頻度と防災対策の取り組み状況の関連を分析した．

東北，東南海とも 7〜8 割の学校が年 1 回以上の研修があると回答した．こうした学校の方が，研修が「ほとんどない」学校に比べ，職員会議で

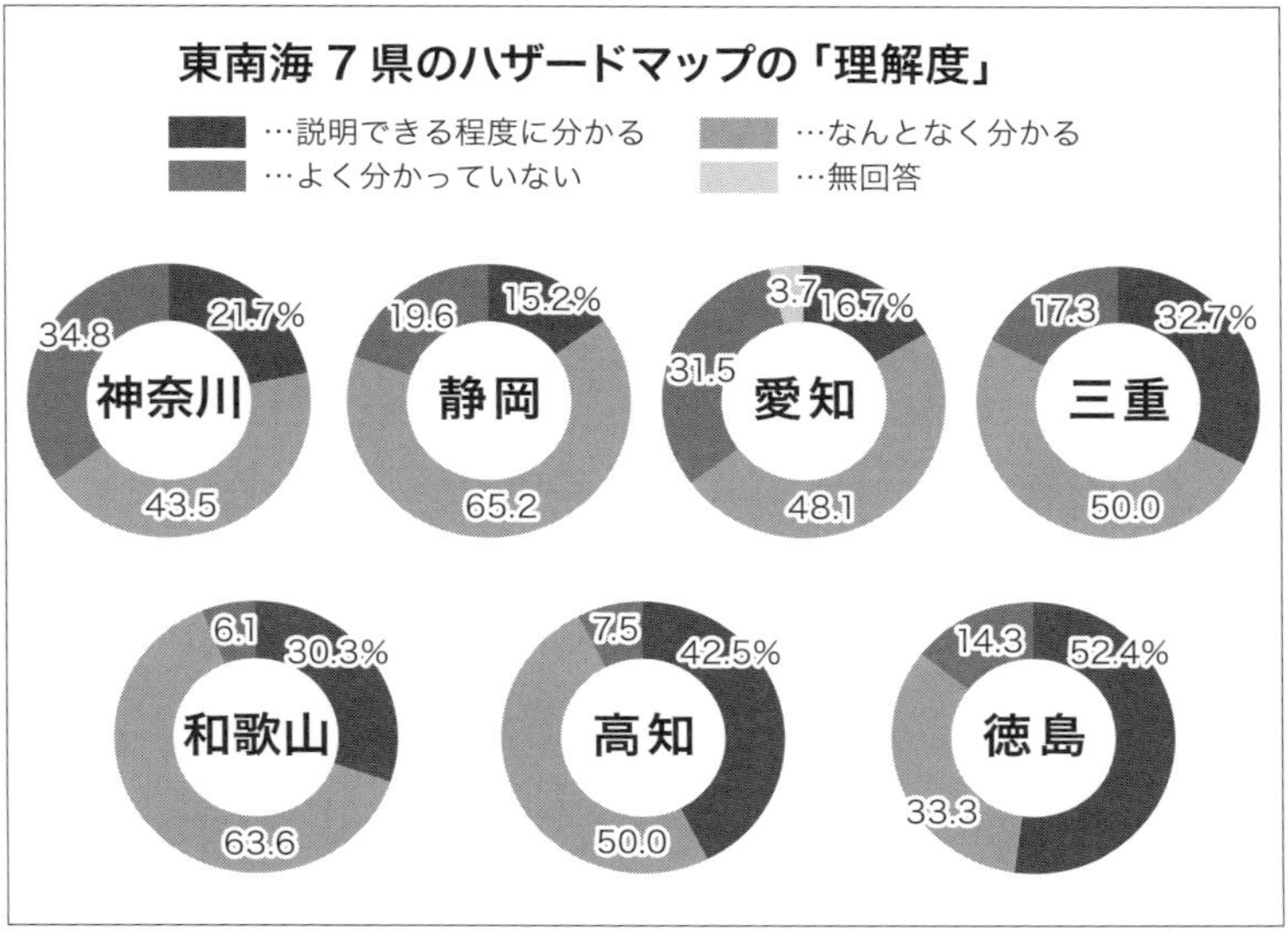

「避難の仕方や場所の確認・確定」を話し合ったことがある割合が高かった．

東南海で研修を実施している学校は，「防災マニュアルの見直し」「教職員の役割分担」「保護者への引き渡し」を話し合う割合が高かった．また，ハザードマップがどのように決められているかの「理解度」の高さとも相関関係があった．東北では，防災研修の頻度が「津波の情報収集」について話し合う割合の高さにつながった．

ただ，研修内容をどう扱っているかの設問では，「参加者と管理職で共有している程度」との答えが東北 10.6%，東南海 18.1% あり，広く共有していない学校が 1〜2 割あることが明らかになった．

石巻市大川小のケースでは，校長会議や研修会の内容が防災マニュアルに適切に反映されず，内容の確認や是正指導をしなかった市教委の姿勢も

問われた．研修を形式的なものに終わらせず，実効性のある対策につなげる仕組みが不可欠と言える．